杨澄甫 宗师

1883—1936

▶ 杨振铎宗师
摄于 2017 年 2 月

▲ 2017 年 5 月海上丝绸之路暨太极拳国际交流大会上
赵幼斌先生（右四）与作者（右一）及南京拳友合影

楊氏太極拳八十五式行功歌訣

萬玉綱原創

混沌無極生太極面南起勢攬十字手攬雀尾西面拉單鞭提手上勢白鶴亮翅朝東展左摟膝拗步右摟膝拗底琵琶

手揮琵琶倒攆猴斜飛勢提手上勢白鶴亮翅左摟膝拗步海底針扇通背轉身撇身搥進步搬攔搥如封似閉十字手抱虎歸山斜摟膝拗步倒攆猴斜飛勢

攬雀尾肘底搥倒攆猴斜飛勢提手上勢白鶴亮翅摟膝拗步海底針扇通背翻身撇身搥進步搬攔搥上步攬雀尾單鞭雲手單鞭高探馬右分腳左分腳轉身左蹬腳左右摟膝拗步進步栽搥翻身撇身搥進步搬攔搥右蹬腳左打虎右打虎回身右蹬腳雙峰貫耳左蹬腳轉身右蹬腳進步搬攔搥如封似閉十字手

抱虎歸山斜單鞭野馬分鬃攬雀尾單鞭玉女穿梭攬雀尾單鞭雲手單鞭下勢金雞獨立倒攆猴斜飛勢提手上勢白鶴亮翅摟膝拗步海底針扇通背轉身白蛇吐信搬攔搥攬雀尾單鞭雲手單鞭高探馬穿掌十字腿進步指襠搥上步攬雀尾單鞭下勢上步七星跨虎轉身擺蓮彎弓射虎進步搬攔搥如封似閉十字手收勢再回面南靜立無極歸自然

歲在乙未季晚秋 杏園之九代孫渭世沐手敬於泉城

作者简介

万玉纲

山东青岛人,1950年出生。毕业于南京大学化学系,先后任教于南京大学、东南大学,高级工程师。从事材料和工业环境的教学科研工作,曾获国家教委科技进步三等奖和国家级教学成果二等奖各一项。工作之余,潜心修炼和研究杨氏太极拳,曾在《和美太极》专业微刊上发表文章百余篇,在《百姓太极》公众号平台上举办讲座数十次,著有《行拳走架进阶》一书。

杨澄甫85拳架

行拳走架进阶

万玉纲 编著

东南大学出版社
SOUTHEAST UNIVERSITY PRESS

·南京·

内容提要

本书以明理、知体、达用为主线，围绕杨澄甫85拳架的结构解析、体用解读、进阶修炼和拳理溯源加以系统地体悟和阐述，以期收融会贯通之效。

本书适用于修炼澄甫架有年的群体，作为认识内劲、感知内劲、运化内劲和培养内劲的内功修炼参考之用。

图书在版编目（CIP）数据

杨澄甫85拳架：行拳走架进阶 / 万玉纲编著 . --南京：东南大学出版社，2022.9
 ISBN 978-7-5766-0229-6

Ⅰ.①杨… Ⅱ.①万… Ⅲ.①太极拳–基本知识 Ⅳ.① G852.11

中国版本图书馆 CIP 数据核字（2022）第 161697 号

责任编辑：马　伟　　责任校对：子雪莲　　封面设计：余武莉　　责任印制：周荣虎

杨澄甫85拳架　行拳走架进阶　Yang Chengfu 85 Quanjia　Xingquan Zoujia Jinjie

编　　著	万玉纲
出版发行	东南大学出版社
社　　址	南京四牌楼2号　邮编：210096　电话：025-83793330
网　　址	http://www.seupress.com
电子邮件	press@seupress.com
经　　销	全国各地新华书店
排　　版	南京私书坊文化传播有限公司
印　　刷	南京京新印刷有限公司
开　　本	700mm×1000mm　1/16
印　　张	14.5
彩　　插	4 页
字　　数	138 千
版　　次	2022年9月第1版
印　　次	2022年9月第1次印刷
书　　号	ISBN 978-7-5766-0229-6
定　　价	49.00元

［本社图书若有印装质量问题，请直接与营销部联系调换。电话（传真）：025-83791830］

前言

多年前，针对太极拳普及和传承中的种种异化现象，我曾提出杨氏太极拳的大众修炼应回归澄甫架的观点。回归就是正本清源，其内涵应包括认识澄甫架的传承脉络、结构特征和体悟澄甫架体用兼备的武学体系。

我认为澄甫架的修炼、研究和传承要以太极拳先贤们的拳论为师；要以杨澄甫宗师原著《太极拳体用全书》和其《太极拳之练习谈》《太极拳术十要》两篇拳论为师；要以杨澄甫宗师拳照形象为师。众所周知，澄甫架传承至今形成了诸多流派，我是习练赵斌一脉实腿架的，所以我还以赵幼斌先生85拳架演练视频为示范。

鉴于此，本书在2016年初版的基础上，以明理、知体、达用为主线，对全书结构和内容进行了较大幅度的调整和深化，以期收融会贯通之效。全书共四章：第一章，杨澄甫85拳架结构解析；第二章，杨澄甫85拳架体用解读；第三章，杨澄甫85拳架进阶修炼；第四章，杨澄甫85拳架拳理溯源。

本书的读者对象为修炼澄甫架有年的拳友，供其作为进阶路上追求着熟、懂劲、神明目标的讨论、参考之用。

本书作者只是太极拳研究领域名不见经传的一后学者，2017年2月19日，承蒙《和美太极》创办人许文龙先生将拙作《行拳走架》初版呈送杨振铎宗师以求教正。先生虚怀若谷、关爱后学，嘉许和鼓励的话至今言犹在耳，激励我在习拳路上不断进取。2017年5月30日，赵幼斌先生在海上丝绸之路暨太极拳国际交流大会上，亲自推介《行拳走架》一书，此举亦令我感激之情难以言表。在我的习拳路上，陈炎林先生、杨军先生、王志远先生、蒋林先生、王壮弘先生、金仁霖先生、张耀忠先生、赵琴先生以及李亭全先生等都是我心目中的明师，虽然我未曾有缘与他们谋面，但我系统地拜读过他们的专著，学习过他们的拳架演练视频，也从他们的拳学研究中汲取过智慧，因而从心底里怀着深深的敬佩和感恩之情。

承蒙著名书法家巩作义先生为本书题写书名，感谢先生欣赏拙作《行功歌诀》并创作成书法精品。

万玉纲
2022年初春

目录

第一章
杨澄甫85拳架结构解析

007 | 杨澄甫85拳架行功歌诀
009 | 杨澄甫85拳架行拳路径示意图
010 | 第一段　含3小节13式
013 | 第二段　含2小节4式
015 | 第三段　含3小节11式
019 | 第四段　含5小节21式
025 | 第五段　含2小节6式
028 | 第六段　含1小节4式
030 | 第七段　含3小节11式
033 | 第八段　含4小节15式

第二章
杨澄甫85拳架体用解读

040 | 杨氏太极拳武学魅力——穿越时空的追忆
042 | 心悟与体悟（1）澄甫架的实腿架与虚腿架之分
045 | 心悟与体悟（2）揽雀尾拳势运化重在桩与桩的内劲转换
050 | 心悟与体悟（3）单鞭式的实腿碾转及步幅、步宽问题
054 | 心悟与体悟（4）正确运化碾步方能虚实转换顺遂
057 | 心悟与体悟（5）话说海底捞月招式
062 | 心悟与体悟（6）提手上势与手挥琵琶的异同辨析
066 | 心悟与体悟（7）从搂膝拗步的左右势转换中体悟走猫步
070 | 心悟与体悟（8）倒撵猴退中寓攻的拳势表达
074 | 心悟与体悟（9）云手式的云法内涵
078 | 心悟与体悟（10）野马分鬃式的先掤后挒
082 | 心悟与体悟（11）斜飞势与野马分鬃的挒劲表达差异
087 | 心悟与体悟（12）高探马之上惊下取
091 | 心悟与体悟（13）玉女穿梭巧为贵，护臂穿打四敌溃
097 | 心悟与体悟（14）85拳架中的十大捶法说略
101 | 心悟与体悟（15）搬拦捶的进步与卸步辨
106 | 心悟与体悟（16）进步栽捶打哪里
109 | 心悟与体悟（17）撇身捶之连环劈招法

112	心悟与体悟（18）闪身西北抱虎归，旋身向东肘底捶
117	心悟与体悟（19）上步七星式拳意表达
120	心悟与体悟（20）85拳架中的腿法一览
128	心悟与体悟（21）左右分脚式体用详解
134	心悟与体悟（22）85拳架中的连环招法编排特征
140	心悟与体悟（23）海底针与扇通背体用细述
145	心悟与体悟（24）从左右打虎到双峰贯耳
150	心悟与体悟（25）仆步下势先化后发的用法

第三章
杨澄甫85拳架进阶修炼

156	进阶修炼的核心要素
160	默识揣摩（1）太极拳的松就是松开顶劲
168	默识揣摩（2）无极桩功与身法八要
175	默识揣摩（3）如何在桩架中体悟轻重浮沉
181	默识揣摩（4）腰为主宰的枢机是骶骨的生理运动
186	默识揣摩（5）太极拳运动规律与人体运动关节
190	默识揣摩（6）练拳不谙虚实理，枉费功夫终无成
195	默识揣摩（7）把控内动节律，体悟呼吸之道

第四章
杨澄甫85拳架拳理溯源

200 | 追根溯源，精意揣摩
204 | 一、太极拳论（王宗岳）
205 | 二、十三势歌（七言二十四句）（王宗岳）
206 | 三、十三势行功要解（武禹襄）
207 | 四、十三势说略（武禹襄）
208 | 五、身法八要（武禹襄）
208 | 六、各势白话歌（七言六十句）（李亦畬）
210 | 七、身形腰顶（七言六句）（杨氏传抄老谱）
211 | 八、太极轻重浮沉解（杨氏传抄老谱）
212 | 九、杨氏九诀（杨班侯）
216 | 十、太极拳之练习谈（杨澄甫口述　张鸿逵笔录）
220 | 十一、太极拳术十要（杨澄甫口授　陈微明笔述）

223 | **参考文献**

第一章

杨澄甫 85拳架结构解析

杨氏太极拳传承发展史上素有"露禅闯天下，班侯打天下，澄甫传天下"之说。杨氏太极拳老架泛指杨澄甫的父辈杨班侯、杨健侯和兄长杨少侯所传拳架，分别称为班侯架、健侯架和少侯架，是杨氏太极拳的母架。

其传承脉络大致罗列如下：

由李万成—贾治祥一脉传承的杨班侯系列拳架包括中架100式、快架118式、大架120式、提腿架100式、小架145式和杨式炮捶。

由田兆麟—陈志远—蔡天彪一脉传承的杨健侯拳架98式。

由张文炳—蒋林、张汉文一脉传承的杨少侯系列拳架（亦称内传太极拳）包括正路子108式、家手185式和小快式230式。

由王兰亭、富周—富英—萧功卓—萧铁僧、翟英波—李正一脉传承的府内派系列拳架，包括智捶、大架、老架、中架、小架、小九天、后天法、散手30式、太极长拳、十三内丹功法和太极点穴法。

杨氏太极拳自杨露禅经杨班侯、杨健侯辈传至杨少侯、杨澄甫辈，都是口授身传，不立文字，也未留存系统拳照。杨澄甫宗师通过继承、改造父兄的拳架，化繁为简，去粗取精，于1934年以亲自示范的成套拳照为基础撰述、出版了其专著《太极拳体用全书》（上海大东书局出版）。书中按照拳架顺序分为94节加以系统论述，从此确立了体用兼备的杨氏太极拳的定型拳架,亦称澄甫架。该书是其在世时的最后作品,他在此书的自序中说:顾陈子之书,仅述单人练习之程序且翻阅十数年前之功架,又复不及近日,于此见斯术之无止境也。今因诸生之请复继续将体用之全法编次成集。基本练法及推手大捋一一附以最近图影,付诸梨枣,以公于世。由此可见,杨澄甫宗师对书中所述武学体系和功架拳照两方面都是予以肯定和满意的,因而所谓"杨澄甫定型拳架"便是自然而然的历史性论断。

杨澄甫定型拳架的问世无论从传统性、经典性、技术性还是从传播性来讲,都堪称杨氏太极拳的主流拳架,在太极拳发展史上具有划时代的里程碑式的意义。有学者对这套功架拳照赞誉极高,将其比喻成书圣王羲之的《兰亭序》,提出学习杨氏太极拳应该以宗师拳姿为标准,以宗师拳照为师。

近百年来,澄甫架通过杨氏家族、亲族成员及入室弟子的传承,形成了澄甫架诸多传承流派。大体归纳如下:

家族传人杨派,杨振铭(108式)、杨振基(91式)、杨振铎(103式)和杨振国(94式)。

亲族传人赵派(赵斌85式)和傅派(傅钟文85式)。

入室弟子传人陈派(陈微明80式)、董派(董英杰85式)、郑派(郑曼青,郑子37式)、牛派(牛春明81式)、李派(李雅轩115式)、褚派(褚桂亭85式)和崔派(崔毅士108式)。

澄甫架的拳架结构在编排上有其规律性和特征性，如何将这种规律性和特征性揭示出来并应用于指导习拳实践，对于杨氏太极拳的大众修炼回归澄甫架来说具有重要意义。我通过认真研究和反复体悟赵斌—赵幼斌一脉传承的杨澄甫85拳架，将整套拳架分为八段（内含23小节），绘制了行拳路径示意图并配套创编了《行功歌诀》，确定以每两句歌诀为一小节，这样便提炼出了钟摆式的拳架结构。85拳架中，第一段含3小节13式；第二段含2小节4式；第三段含3小节11式；第四段含5小节21式；第五段含2小节6式；第六段含1小节4式；第七段含3小节11式；第八段含4小节15式。

下边，让我们具体分析一下这样一幅钟摆式的拳架结构图都表达了哪些信息。

第一，提出了分段原则。就是以行步或称连续移动步（前进步、后退步、横行步）的最后一动作为每段的结尾。如此分段，就将整套拳架的钟摆式结构清晰地呈现在人们面前。即从无极势（预备式）开始，第一段的结尾在如封似闭式，第二段的结尾在倒撵猴式，第三段的结尾在云手式，第四段的结尾在野马分鬃式，第五段的结尾在云手式，第六段的结尾在倒撵猴式，第七段的结尾在云手式，第八段的结尾在合太极（收势）。

第二，揭示了拳架的整体结构特征。整体观察拳架的钟摆式结构，它就如老式钟表的钟摆那样荡来荡去，很有规律。习练者面南居中起势，从西打到东，回转身又从东打到西，如此周而复始折返7个来回。一、三、五、七段以前进步（搂膝拗步）和横行步（云手）朝东移动；二、四、六段则以前进步（野马分鬃）和后退步（倒撵猴）朝西移动。从舞台审美角度看，整套拳架的行拳路径大致在一个长6米、宽3米的场地范围内。预备式时，面南站立在场地北侧边缘中央。第一段至第三段，在场地东半场的北侧运行；从第四段开始逐步过渡到场地西半场的南侧；第五段至第七段在场地西半场的南侧运行；从第八段开始逐步返回到场地中央南侧；收势时，大致回到预备式时的前方位置。这就给观众一个错落有致、疏密有度的立体感观，加之各个段落中招式的精彩纷呈以及滔滔如长江大河般连绵不断的气势，充分展现了澄甫架的传统武术气场和舞台艺术美。

第三，揭示了段落的共性和个性特征。八个段落有其共性特征，就是每个段落的结构都好像一个横放的钟摆形状（因第八段是结束段，故有摆锤无摆杆）。"摆锤"部分的招式指向四正四隅方向且种类较多，而"摆杆"部分的招式指向或东或西且为种类单一的行步，不外乎前进步（搂膝拗步、野马分鬃）、后退步（倒撵猴）和横行步（云手）。"摆杆端部"正是每一段落的结束点。每个段落又都有其个性特征。如第四段就集中表现了腿（蹬脚、分脚）和捶（撇身捶、栽捶、搬拦捶、左右打虎、双峰贯耳）的连环招法的各种招式；第五段则主要体现了玉女穿梭式的四隅方向的提滚托架、拗步击掌的主攻意识和四正方向的闪展腾挪、封缠拿裹的主防意识，表达了意领形随、步随身换、连绵不断的气势；第八段中的转身摆莲式则惟妙惟肖地展现了风掠荷塘时荷莲随风摇曳的意境。

第四，揭示了段落中招式分布的特征。从每段的新招式和重复招式的分布统计情况来看，整个套路中有新招式49个、重复招式36个，共计85式。新招式和重复招式有机地分布在八个段落中。

综上所述，可以看出澄甫架的钟摆式拳架结构特征好懂易记，且对于杨氏太极拳所有流派的拳架套路都具有参照作用，正所谓庖丁解牛，目无全牛。

通过对拳架结构的系统分析和招式组合的反复拆解来探索和理解拳架的内涵，进而掌握其心法、功法和技法要素，这可能正是澄甫架的深邃之处和其经久不衰、传承不断的魅力所在。我也似乎感悟到了当年杨澄甫宗师在传承其父兄拳架基础上，编排、定型该拳架时的匠心独具。

杨澄甫 85 拳架行功歌诀

万玉纲　原创
2014 年 6 月

（一）

混沌无极生太极，面南起势揽雀西。
回拉单鞭提手南，白鹤亮翅朝东展。
搂拗琵琶走循环，搬拦捶打封闭按。

（二）

十字封裹面朝南，闪身西北抱虎归。
旋身向东肘底捶，倒撵猴儿身后退。

（三）

斜飞势南接提手，鹤翅东展左搂拗。
海底探针扇通背，撇身捶接搬拦捶。
上步揽雀回单鞭，云手连环往东返。

（四）

单鞭探马双分脚，转身左蹬双搂拗。
进步栽捶撇身捶，搬拦捶连右蹬脚。

左右打虎回右蹬，贯耳左蹬转右蹬。
搬拦捶打封闭按，十字封裹又面南。
闪身西北抱虎归，斜拉单鞭野马追。

（五）

揽雀回身拉单鞭，返身穿梭四隅全。
揽雀再回拉单鞭，云手连环又东返。

（六）

单鞭下势金鸡立，倒撵猴儿又一番。

（七）

斜飞势南接提手，鹤翅东展左搂拗。
海底探针扇通背，撇身蛇信搬拦捶。
上步揽雀回单鞭，云手连环再东返。

（八）

单鞭探马带穿掌，十字腿回指裆捶。
上步揽雀回单鞭，下势七星跨虎威。
转身摆莲弓射虎，搬拦捶打封闭按。
十字收势再面南，静虚无极归自然。

杨澄甫 85 拳架行拳路径示意图

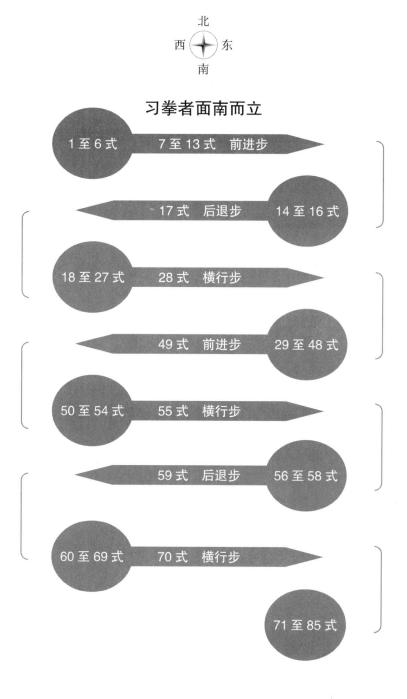

第一段　含3小节13式

第（1）节　含3式

行功歌诀：混沌无极生太极，面南起势揽雀西。

要点提示：无极生太极，太极分阴阳。调形、调息、调神，拳势由静入动。习练无极桩功以体悟无极势与身法八要的关系。习练推磨桩功以训练腰骶为主宰的弓步桩和坐步桩的转换。体悟掤捋挤按四种劲法转换的内动节律。

1无极2起势

3揽雀尾（左掤势）

3揽雀尾（捋势）

3 揽雀尾（挤势）

3 揽雀尾（按势）

第（2）节 含3式

行功歌诀：回拉单鞭提手南，白鹤亮翅朝东展。

要点提示：掌握实腿架单鞭势运化的要领，肩髋膝踝与右脚掌要同轴碾转内扣，注意单鞭定势的侧弓步特点。体悟左掌拂面、坠肘翻掌往前坐掌挥打及双臂对拉之势。体悟提手上势和白鹤亮翅之间过渡招式海底捞月的拳意、拳势表达。

4 单鞭

5 提手上势

6 白鹤亮翅

第（3）节　含7式

行功歌诀：搂拗琵琶走循环，搬拦捶打封闭按。

要点提示：掌握"下走三角形，上找十字架"的前进式行步要领，体悟搂膝拗步左、右势互换时迈步如猫行的感觉。比较提手上势和手挥琵琶两式的异同。体悟搬拦捶拳势运化中的三个蓄发势。体悟、比较如封似闭式中的封、闭、按势的运化与揽雀尾按势的开合、蓄发的意境。

7 左搂膝拗步

8 手挥琵琶

9 搂膝拗步（左势）

9 搂膝拗步（右势）

9 搂膝拗步（左势）

10 手挥琵琶

　　11 左搂膝拗步　　　　12 进步搬拦捶　　　　13 如封似闭

第二段　含 2 小节 4 式

第（1）节　含 2 式

　　行功歌诀：十字封裹面朝南，闪身西北抱虎归。

　　要点提示：体悟十字手的封缠拿裹的拳意。体悟抱虎归山拳势运化中的闪化反击和抱势的拳意，体悟抱、捋、挤、按四势的劲法转换，体悟腰骶为主宰的腰胯灵活运转和两臂腕拳势的上下相随。

14 十字手

15 抱虎归山（抱势）

15 抱虎归山（捋势）

15 抱虎归山（挤势）

15 抱虎归山（按势）

第（2）节 含2式

行功歌诀：旋身向东肘底捶，倒撵猴儿身后退。

要点提示：体悟肘底看捶中的四次桩型转换，体悟以腰骶为轴、四肢为轮，上下相随、虚实转换的

16 肘底看捶

内动节律。掌握倒撵猴"下走三角形，上找十字架"的后退式行步要领。

17 倒撵猴（左势）　　　17 倒撵猴（右势）　　　17 倒撵猴（左势）

第三段　含3小节11式

第（1）节　含4式

行功歌诀：斜飞势南接提手，鹤翅东展左搂拗。

要点提示：体悟斜飞势"先靠后挒"的运化机势，体悟"开劲斜击"所表达的"旋和惊"效果。白鹤亮翅定势要悬顶、坐身、顶腰、提胯、竖脊，上下对拔、前后对拉以体现其"上分下踢"的用法。

18 斜飞势

19 提手上势

20 白鹤亮翅

21 左搂膝拗步

第（2）节　含4式

行功歌诀：海底探针扇通背，撇身捶接搬拦捶。

要点提示：体悟此四式连环招法的拳势、拳意。体悟撇身捶的"连环劈"招法，表现在肘击（右肘暗含）、反背劈捶（右拳）、扑面掌（左掌）和窝心捶（右拳）。比较进步搬拦捶和卸步搬拦捶的差异。

22 海底针

23 扇通背

24 撇身捶（一）

24 撇身捶（二）

25 卸步搬拦捶

第（3）节　含3式

行功歌诀：上步揽雀回单鞭，云手连环往东返。

要点提示：比较揽雀尾和上步揽雀尾的区别。体悟云手势的"云法"要以腰骶为轴带动四肢运转。习练云手桩功以训练开立步桩—马步桩—开立步桩三桩之间的转换。体悟两臂连环运化时，在不同方向时的掤捋采按捞抄劲势。

26 上步揽雀尾（捋势）

26 上步揽雀尾（挤势）

26 上步揽雀尾（按势）

27 单鞭

28 云手（左势）

28 云手（右势）

28 云手(左势)

第四段　含5小节21式

第(1)节　含5式

行功歌诀：单鞭探马双分脚，转身左蹬双搂拗。

要点提示：体悟高探马"上惊下取"的拳意和其技术要点即叠住采回（左手）、用掌探去（右手）、脊背略耸（身形）和探拔前进（身形）。左右分脚式的四个蓄发势运化要以腰骶为主宰带动四肢上下相随、内外相合、起承转合、开合起落，把控好动静虚实转换有章、开合蓄发折叠有法的内动节律。体悟连环腿招法的拳势拳意。

29 单鞭　　　　　　30 高探马　　　　　　31 左右分脚（一）

31 左右分脚（二）　　31 左右分脚（三）　　31 左右分脚（四）

32 转身左蹬脚　　　　33 搂膝拗步（左势）　33 搂膝拗步（右势）

第(2)节 含4式

行功歌诀：进步栽捶撇身捶，搬拦捶连右蹬脚。

要点提示：体悟进步栽捶"右带左搂进步击捶"的拳势、拳意。技术关键是虚领顶劲、折腰、沉胯。其劲力之根在脚，发于腿，主宰于腰骶，节节贯申于右拳。充分发挥右拳下砸敌之小腿骨，使其"栽倒"的威力。注意比较进步栽捶与其他捶法的区别。

34 进步栽捶

35 翻身撇身捶（一）

35 翻身撇身捶（二）

36 卸步搬拦捶

37 右蹬脚

第（3）节 含6式

行功歌诀：左右打虎回右蹬，贯耳左蹬转右蹬。

要点提示：体悟连环腿、捶组合招法的拳意和拳势运化。打虎式基本用法和技法是"下采上打披身退"，即下手扼住、沉采敌肘，上手握拳击敌头背。双峰贯耳的基本技法是"叠而后贯步要追"，即以腰骶为主宰，上下相随，意到、眼到、身到、腿到、脚到、手到。要裆劲下沉，双臂叠压敌之两腕后弧形圆转握拳上贯，劲势由脚而腿而腰，通达脊背，贯于两拳。

38 左打虎　　　39 右打虎　　　40 回身右蹬脚

41 双峰贯耳　　42 左蹬脚　　　43 转身右蹬脚

第（4）节 含3式

行功歌诀：搬拦捶打封闭按，十字封裹又面南。

要点提示：与第一段第（3）节和第二段第（1）节相同。

44 进步搬拦捶

45 如封似闭

46 十字手

第（5）节 含3式

行功歌诀：闪身西北抱虎归，斜拉单鞭野马追。

要点提示：野马分鬃的拳势运化是下采和上挒，而上挒的运化是先掤后挒。其左、右势转换运化中是两蓄两发，要掌握"下走三角形，上找十字架"的前进式行步技术要领。

47 抱虎归山（抱势）

47 抱虎归山（捋势）

47 抱虎归山（挤势）

47 抱虎归山（按势）

48 斜单鞭

49 野马分鬃（右势）

49 野马分鬃（左势）

49 野马分鬃（右势）

第五段　含2小节6式

第（1）节　含3式

行功歌诀：揽雀回身拉单鞭，返身穿梭四隅全。

要点提示：玉女穿梭的四个穿梭为一总式，体悟拳势运化中，四正方主防、四隅方主攻的拳意。每个穿梭的滚、裹、格、勒、抱、挪、托、穿劲势中，都要开合须分阴阳、往复须有折叠、进退须有转换。

50 揽雀尾（左挪势）　　　50 揽雀尾（捋势）　　　50 揽雀尾（挤势）

50 揽雀尾（按势）

51 单鞭

52 玉女穿梭（一隅）

52 玉女穿梭（二隅）

52 玉女穿梭（三隅）

52 玉女穿梭（四隅）

第（2）节　含3式

行功歌诀：揽雀再回拉单鞭，云手连环又东返。

要点提示：与第三段第（3）节相同。

53 揽雀尾（左掤势）

53 揽雀尾（捋势）

53 揽雀尾（挤势）

53 揽雀尾（按势）

54 单鞭

55 云手（左势）

55 云手（右势）

55 云手（左势）

第六段　含1小节4式

第（1）节　含4式

行功歌诀：单鞭下势金鸡立，倒撵猴儿又一番。

要点提示：仆步下势前接单鞭式后续金鸡独立式，体现了其先化后发的用法，即如拳诀所言：单鞭下势顺锋入，金鸡独立占上风；提膝上打致命处，下伤二足难留情。要体悟其拳势运化的要领即向前向后运动的主要动力是以腰骶为主宰的髋、膝、踝三个关节部位的折叠转换。

56 单鞭

57 下势

58 金鸡独立（左势）

58 金鸡独立（右势）

59 倒撵猴（左势）

59 倒撵猴（右势）

59 倒撵猴（左势）

第一章　杨澄甫 85 拳架结构解析

第七段　含3小节11式

第（1）节　含4式

行功歌诀：斜飞势南接提手，鹤翅东展左搂拗。

要点提示：与第三段第（1）节相同。

60 斜飞势

61 提手上势

62 白鹤亮翅

63 左搂膝拗步

第（2）节 含4式

行功歌诀：海底探针扇通背，撇身蛇信搬拦捶。

要点提示：与第三段第（2）节相同，白蛇吐信式与撇身捶式拳势相同，唯右拳反背劈捶拳势运化时多出一个拳变掌穿瞳的拳势。

64 海底针

65 扇通背

66 转身白蛇吐信（一）

66 转身白蛇吐信（二）

67 卸步搬拦捶

第（3）节 含3式

行功歌诀：上步揽雀回单鞭，云手连环再东返。

要点提示：与第三段第（3）节相同。

68 上步揽雀尾（捋势）

68 上步揽雀尾（挤势）

68 上步揽雀尾（按势）

69 单鞭

70 云手（左势）

70 云手（右势）

70 云手（左势）

第八段　含4小节15式

71至85式

第（1）节　含4式

行功歌诀：单鞭探马带穿掌，十字腿回指裆捶。

要点提示：体悟十字腿技术要领，注意承重腿松腰、落胯竖桩时要保持稳定支撑，以使踢出腿出腿轻灵。进步指裆捶则由右搂、左搂、连环上步遂以左肩前冲、靠挤敌肋、右拳击敌裆部等劲势组成。

71 单鞭

72 高探马带穿掌

73 回身十字腿

74 进步指裆捶

第（2）节 含5式

行功歌诀：上步揽雀回单鞭，下势七星跨虎威。

要点提示：上步七星定势是两拳交叉掤架于胸前，上下对拉、前后撑拔呈往前上掤架之势，同时含右膝上顶、右脚前踢之意，是一个典型的"上惊下取"用法。退步跨虎基本姿势是悬顶坐身，两臂旋转开展中寓有合劲。其与白鹤亮翅同，亦含有"上分下取"的拳意，但须注意体悟其"跨虎"的意境与白鹤亮翅"飞上天"的意境的差别。

75 上步揽雀尾（捋势）

75 上步揽雀尾（挤势）

75 上步揽雀尾（按势）

76 单鞭

77 下势

78 上步七星

79 退步跨虎

第（3）节　含4式

行功歌诀：转身摆莲弓射虎，搬拦捶打封闭按。

要点提示：体悟转身摆莲式的三个蓄发势即双臂圆转前封、旋身扫左腿和右腿横摆、以脚背缘部摆击敌肩胸部。要以腰骶为主宰，上下相随、前后互撑进行运化，尤要注意旋身扫左腿时的连贯性，不要断劲。弯弓射虎定势是左手握正拳为冲拳发放，右手握反拳为当头捶，呈反手开弓放箭状。拳势运化时，动作和劲力要上下相随、协调一致。

80 转身摆莲

81 弯弓射虎

82 卸步搬拦捶

83 如封似闭

第（4）节 含2式

行功歌诀：十字收势再面南，静虚无极归自然。

要点提示：阴阳合而为太极，太极复归无极。拳势由动入静，神、意、气息亦徐徐收敛回归自然。

84 十字手　　　　85 收势合太极

第二章

杨澄甫 85 拳架体用解读

杨氏太极拳武学魅力

——穿越时空的追忆

破晓，一缕晨曦映照在波光粼粼的洼淀上。清道光年间，古城广平府弘济桥畔，一耄耋老者和一英俊后生正在切磋技艺，谈拳论道。只见两人宛如臂揽云雀，手拂羽翼，你按我掤，我捋你挤，你挤我按，我按你掤，往复不已……

转瞬间，双方过招渐急。对拉单鞭，白鹤亮翅，你搂膝拗步连续攻，我折肘剪腕挥琵琶；我上步击打搬拦捶，你仰掌格肘十字封。此进彼退，攻防连连……

后生血气方刚，一招肘底看捶欲击其胸肋，老者却气定神闲，以倒撵猴之势从容接招，随即扳挽其腕，退中寓攻，暗藏杀机，使后生不敢贸然突进。

继而攻势又起，后生以海底探针扇通背、撇身捶接搬拦捶之连环招法频频出击，只见老者目如闪电，左顾右盼，恰似闲庭信步，以云手连环掌轻松化解。

后生心有不甘，使出浑身绝技，忽而单鞭探马双分脚，转身左蹬双搂拗，进步栽捶撇身捶，搬拦捶连右蹬脚；忽而左右打虎回右蹬，贯耳左蹬转右蹬，拳打脚踢，招招迭出，真是势势凶狠，必欲置老者于绝境也。然老者却如织机前之玉女，心静体舒神贯顶，气敛入骨坐如钟。时而脚踏八卦，步随身换，闪展腾挪，封缠拿裹，见招拆招，使招招来势流于无形；时而手封四隅，上下穿梭，提滚托架，拗步击掌，反而咄咄逼人……

老者渐渐得势却丝毫不敢懈怠，乘机反攻，使出野马分鬃式，右臂猛然捌出袭向后生腋下。后生眼明手快，左手采住其腕，屈膝坠身呈下势欲将其势引进落空。老者见势不妙，眼见自己处于背势，急忙撒手后退，后生右腿遂顺锋而起，祭出杀招金鸡独立，欲膝顶其裆。孰料老者反以退步跨虎闪避其锋，随之上步七星，双拳掤击其面。后生急闪，遂以白蛇吐信掌回应，掌封其面，指穿其瞳。危急关头，老者以己双手采彼双臂，转身摆莲，左腿横扫，右腿摆击，恰似狂风横扫荷塘，骤雨摧打莲花之势，处此险境，后生不得已跳出圈子急而避之……

日上三竿风露消，弘济桥上观斗者已是挨肩并足，热闹非凡。再看两武者仍然缠斗犹酣，动之像电闪雷鸣，撼人心魄；静之似至柔若水，润物无声。直让人目瞪口呆，阵阵喝彩。然虽都使出浑身解数，终也难分胜负，遂罢手言和，相约择日再会。

心悟与体悟 ①

澄甫架的实腿架与虚腿架之分

杨澄甫宗师生前传拳，实腿架和虚腿架都先后传授过，根据对其与弟子所著的三本著作进行比较分析，前后顺序应是先虚腿架（1925年）后实腿架（1931年），之后又为虚腿架（1934年）。这反映在他生前最后一本著作《太极拳体用全书》中对单鞭势运化的描述是虚腿架的表达上，如书中所言：由前势（指揽雀尾），设敌人从身后来击，我即将重心移在左脚，右脚尖翘起，向左侧转动坐实……

澄甫架的传承除了其家族、亲族传人外，还有他的许多著名入室弟子，他们遍布大江南北甚至海外，形成了许多传承流派。其中，实腿架的代表是85式套路，虚腿架的代表是103式套路，两者在拳势的虚实转换方式上是有所不同的。

我们以揽雀尾按势定势转换为单鞭定势时的桩与桩之间的转换来分析说明：85式套路中依次表现为右正弓步桩→坐步桩（右腿实左腿虚）→左侧弓步桩；而103式套路中依次表现为右正弓步桩→坐步桩（左腿实右腿虚）→坐步桩（右腿实左腿虚）→左侧弓步桩。两者比较，103式套路比85式套路多出了一个坐步桩（左腿实右腿虚）。

换言之，85式套路中，是在保持右腿实腿重心不变的情况下，通过以腰骶为轴松腰、落胯，以右脚拇趾虚提领劲使踝膝髋肩同轴左转，势如关门。而103式套路中，是先把右腿的实腿重心转移到左腿上来，继而以腰骶为轴领动向左转体并带动右脚掌内扣，再将重心重新移回到右腿上。由此便形成了两种拳架的不同运化风格。读者可观看、比较赵幼斌先生的85式演练视频和杨军先生的103式演练视频。

在整套澄甫架中的虚实转换中，如单鞭这种比较典型的、有代表性的拳式有7个。根据碾步时内扣或外摆的角度不同，它们分别是搂膝拗步（45度）、野马分鬃（45度）、十字手（90度）、单鞭（135度）、撇身捶（135度）、肘底看捶（180度）和玉女穿梭（第2、4势）（180度）。

由此区分，澄甫架的主要传承流派中，属于实腿架的有赵派（赵斌）和傅派（傅钟文）；属于虚腿架的除了杨派之外，还有陈派（陈微明）、牛派（牛春明）、李派（李雅轩）、褚派（褚桂亭）和郑派（郑曼青）；而崔派（崔毅士）和董派（董英杰）姑且可认为是虚实腿混合架，因为他们在单鞭式中表现的是虚腿转换方式，而在搂膝拗步等其他6个式中，表现的又是实腿转换方式。

我认为实腿架也好，虚腿架或虚实腿混合架也罢，只是拳势运化风格不同而已，它们都是杨澄甫宗师一脉相传，不存在谁是正宗谁是真传的问题。从拳架内涵上讲，它们都注重神意的敛放及内炁的鼓荡吐纳；都注重以腰骶为主宰来引动骨盆偏沉和九弓张弛；都注重内劲的虚实转换、折叠与蓄发；都注重按照杨澄甫《太极拳之练习谈》和《太极拳术十要》中的技术要领进行拳势运化和拳意表达；都注重借地之力产生动能来行拳走架。

由此引出话题：既然虚腿架和实腿架都是传统太极拳，那么国编套路88式、24式、42式、48式等等，它们也都是虚腿架的运化风格，为什么说这些拳架不属传统太极拳呢？我们说，这些国编套路的出现是应大众普及而生，虽然是从澄甫架改编而来，但它们比较讲究单一招式的外形和基本功训练以适应表演的观赏性或竞赛标准要求，不太强调拳势运化、拳意表达及内功的修炼，长此以往便形成了它们像拳像操又像舞的特有的气场。它们忽视拳势的内劲运化和拳招的用法，显然与传统太极拳的气场是不同的。

所以，我们千万别被套路套住，不是你练什么套路的问题，而是你如何练套路的问题。你练的是否是传统太极拳，关键是看气场和拳架内涵。这一点，旁观的人能看出来，而习练者本人更能亲身体悟到。当然，如果你的出发点就是想通过活动活动筋骨来健健身而已，那么也就不必纠结是操还是拳了，但我们对此要有清醒的认识。

心悟与体悟 2

揽雀尾拳势运化重在桩与桩的内劲转换

我们不管修炼哪门哪派太极拳，都是修炼"太极十三势"，即掤、捋、挤、按、采、挒、肘、靠、进、退、顾、盼、定的基本功法。

牛谱载杨氏九诀之《十八在诀》曰：掤在两臂，捋在掌中，挤在手背，按在腰攻；采在十指，挒在两肱，肘在屈使，靠在肩胸。这里说的是太极拳八种主要劲法的劲势和技法。这八种劲势在太极推手较技中是相生相克的，如捋破掤，挤破捋，按破挤，掤破按……这些劲势和技法的训练也始终贯穿在整个85拳架中。

八种劲法的基本含义

简单说，掤劲是身体由内而外产生的张力，是缩而含张、缩而不瘪的弹簧劲，是八种劲法的母劲；捋劲为侧身柔化，引进落空之势；挤劲是以小臂近身挤人的占位性进击；按劲是以双臂按推对方，含下按和前推之劲；采劲是以手指抓住敌腕或肘部，通常采捋合用时发力方向一致；挒劲是以手背侧击敌肩腋部，通常采挒合用时发力方向相反；肘击、肩靠则是近身搏击之劲势，肘击是通过内屈小臂以肘尖击敌胸肋部，肩靠则以肩部四周之力靠击敌胸。

掤捋挤按四势的运化

"掤捋挤按"是八种劲法的重中之重，所以揽雀尾式在85拳架中出现过6次之多，包含3个揽雀尾式（第3、50、53式）和3个上步揽雀尾式（第26、68、75式）。两者的区别是揽雀尾式含左掤、右掤、捋、挤、按五势，而上步揽雀尾式没有左掤，只有右掤、捋、挤、按四势。

左掤势

捋势

挤势

按势

左掤势的运化：接前式起势，右腿松腰、落胯竖桩，腰右转和右脚碾转外摆（小于90度）；顶腰、提胯，右脚掌落地踏平呈右侧弓步。与此同时，右手掤起，左手坐掌随腰而动（一蓄一发）。右腿松腰、落胯竖桩，两臂合肘的同时，提左腿向前（南）迈步；随即边转身朝正西，边顶腰、提胯，屈左膝、蹬右腿呈左侧弓步。与此同时，左臂左前掤、右手采，眼神前视，顾及两掌（一蓄一发）。

右掤势的运化：左腿松腰、落胯竖桩，左臂内旋，右臂外旋，右手领右腿提收并移重心于左腿。与此同时，两臂合抱使身体微左转并迈右步向前；然后顶腰、提胯，侧身拧腰面西，屈右膝、蹬左腿呈右正弓步，右臂前掤、左手合住右手，眼神顾及右臂掤出（一蓄一发）。请注意，在杨澄甫宗师《太极拳体用全书》里，并没有右掤势拳照，但书中对右掤势的拳势运化的描述非常清楚。

捋势的运化：右腿松腰、落胯竖桩，腰微右转，右臂内旋、左臂外旋使两掌心翻转；然后顶腰、提胯，左转腰朝西南45度方向捋去并移重心于后腿呈坐步（右膝保持微曲，右脚掌扒地着力）（一蓄一发）。此势动短意长，捋中寓挤，眼神扫视两掌的运化。

挤势的运化：左腿松腰、落胯竖桩，腰胯右转面西，右臂边外旋边横掤于胸前，左手虚贴于右腕脉门处；然后顶腰、提胯，右臂前挤、左臂助挤呈右正弓步，眼神顾及右臂前挤（一蓄一发）。请注意，其身形与右掤势比较，右小臂不要太横，略竖为宜。

按势的运化：右腿松腰、落胯竖桩，双掌平抹分开，重心移向左腿呈坐步（右膝保持微曲），双掌往后下方按并收于胸前；然后顶腰、提胯，坐腕前推呈右正弓步（一蓄一发）。请注意，按势运化过程中，其势如潮涌，身形有个微微的左旋右转的动意，眼神要顾及两掌的抹回下按和前推劲势。

掤捋挤按四势的内劲转换

我认为揽雀尾拳意、拳势的运化重在桩与桩的内劲转换和内动节律的体悟。

先看一下不同桩型之间是如何转换的。起势（开立步桩）→左掤（右侧弓步桩→左侧弓步桩）→右掤（正弓步桩）→捋（坐步桩）→挤（正弓步桩）→按（坐步桩→正弓步桩）。

再细心体悟一下这个过程中的内劲转换即内动节律。我们说，揽雀尾拳势运化中的内动节律共含有6个蓄发势，包括左掤2个、右掤1个、捋1个、挤1个、按1个。有6个蓄发势就有6次心意（收放）、6次眼神（敛放扫瞥注）、6次内炁（吐纳）、6次腰骶引动骨盆（偏沉）和九弓（张弛）以及6次阴阳、动静、虚实、刚柔（转换）。

内劲转换的要义是蓄劲时松开顶劲使呈双沉，双沉是自尔腾虚的状态；发劲时鼓起顶劲使呈双轻，双轻是天然轻灵的状态。双沉和双轻都是拳论所谓的"上手",对此需要默识揣摩和细心体悟,方能得其精要。建议读者平时习练"推磨桩"(就是磨豆腐的那种石磨):两腿前后分开站立,前弓后坐,前弓呈正弓步,后坐呈坐步;双手握住一"太极尺",似握住石磨的木杆把手在推磨。每次练习30分钟。通过这种弓步桩和坐步桩的往复交替来体悟其内动节律。

王志远《百法歌·咏"掤"》

掤手义何解？相承架托膨。柔软以应敌,内中蓄刚强。
周身弹簧力,屈伸似弓张。笼环逼化劲,圆撑似围墙。

王志远《百法歌·咏"捋"》

捋手义何解？引进使落空。轻灵不丢顶,挫之断其踵。
闪赚圆而润,下盘唯稳重。捋抱顺且韧,运化尺骨中。

王志远《百法歌·咏"挤"》

挤手义何解？推排重叠意。横排莫扬肘,虚贴神合连。
合手须近身,挤他虚实现。攻前若寓化,发落即顺利。

王志远《百法歌·咏"按"》

按手义何解？运用如潮涌。起而拔其根,伏使来劲空。
腰腿认端的,抑捺用腰攻。势如巨浪拍,排山倒海冲。

心悟与体悟 ③

单鞭式的实腿碾转及步幅、步宽问题

有学者比喻单鞭一式的拳势犹如车夫驾驭烈马时,双臂抡圆甩鞭那样一种架势。单鞭势在 85 拳架中共出现 10 次之多(9 个单鞭和 1 个斜单鞭),在整套拳架中,它总是前接揽雀尾式或云手式,很有规律性。

单鞭式及其用法

先说说实腿碾转。我们知道,85 拳架中的单鞭势运化是实腿碾转,它是实腿架中具有代表性的拳式。掌握了它的拳势运化特点就基本掌握了实腿架的行拳风格。其技术要领是:从揽雀尾按势定势到单鞭定势的这个拳势运化过程中,桩型的转换是右正弓步桩→右坐步桩→左侧弓步桩，共有两个蓄发势。对这个内动节律一定要搞清楚。

第一个蓄发势：右正弓步桩→右坐步桩。右腿松腰、落胯竖桩，以右脚跟为轴、右脚拇趾领劲使脚掌虚离地面，与踝膝髋肩同轴内扣左转135度；然后脚掌落地踏平呈右坐步桩。与此同时，两臂自右向左平抹一个椭圆。

第二个蓄发势：右坐步桩→左侧弓步桩。右腿松腰、落胯竖桩，左腿收回随即向正东方迈出。与此同时，两臂自左向右平抹一个椭圆后随即右掌向右后方平行伸展，五指撮拢、指尖下垂变吊手，左掌合于右胸前。然后右腿顶腰、提胯，重心移向左腿呈左侧弓步。与此同时，左掌拂面、坠肘翻掌往前挥打并坐掌，双臂有对拉之势。故而李亦畬宗师传抄《各势白话歌》中多处出现"拉单鞭"之句。

在单鞭式拳势运化中，眼神随两臂左右抹转而扫视，弓步定势时，眼注视前掌；身体中线在东偏南方向呈侧身，前后两脚跟相连，基本在一条直线上，也就是说两脚间的步宽很小。拳家梅应生先生通过定量测量分析杨澄甫宗师单鞭式定势的拳照，分别从单鞭式的拳势运化和运动力学角度论证了这种侧（身）弓步的步型特征及其合理性。与单鞭定势的侧（身）弓步相对应，揽雀尾定势就是正（身）弓步，两者区别就是一看步宽，二看身形。

再讨论一下步幅和步宽问题。步幅是指人行走时前后两脚之间的距离，步宽是指两脚间的横距。习拳时的步幅和步宽除了与拳意表达有关，还与身高及腰胯的松沉程度有关。应根据自身条件和拳式的特点来控制步幅和步宽大小，这样可以更自然顺遂地衔接前接招式和后续招式进行虚实转换，从而提高拳势运化的流畅性。

如前所述，单鞭式与前式的连接很有规律性，要么是揽雀尾，要么是云手式。而单鞭式的后续招式则无一定规律，后续招式有提手上势、云手、高探马、高探马带穿掌、野马分鬃、玉女穿梭和下势共7个招式。

单鞭式与这后续7个招式的衔接运化是有一定讲究的，因为这涉及单鞭式的步幅、步宽控制问题。

根据单鞭式的步幅和步宽状态，可以分成如下三种情况：

第一，单鞭式后续提手上势、云手和野马分鬃3式时，单鞭式的步幅和步宽可控制在正常状态，就是根据自己拳架的高低，保持单鞭式的正常步幅和步宽即可。

第二，单鞭式后续高探马、高探马带穿掌和玉女穿梭这3式时，单鞭式的步幅和步宽要控制在比正常步幅和步宽略小的状态为宜，这样可以衔接顺遂，避免转换时脚下重滞，降低运化难度。

第三，单鞭式后续下势时，单鞭式的步幅和步宽要控制在比正常步幅和步宽略大的状态为宜，这样做下势时，仆步可以下沉得比较低从而提高仆步的质量。

当然了，上述步幅和步宽的控制与调整是盘练拳架中所体悟到的一些细节问题，是因人而异和因势而异的，并没有一定之规，总的原则就是在内劲折叠和虚实转换时要自然、顺遂、流畅。

王志远《百法歌·咏"抹"》

抹手义何解？两手平按画。轨迹行双鱼，折叠走八卦。
摆扣实脚转，四梢随腰胯。拔根动敌基，抹转作环化。

王志远《百法歌·咏"勾"》

勾手义何解？撮手行攻防。五指自然撮，鹰嘴作模仿。
勾手开敌门，入室把彼创。吊手以击人，背肩飞颉颃。

王志远《百法歌·咏"拂"》

拂手义何解？掠面过击敌。旋腕一鞭挥，两膊紧相系。
凌冽如疾风，挡者皆披靡。劲气真雄浑，击敌似霹雳。

王志远《百法歌·咏"拴"》

拴手义何解？拂挥如拴门。上闩重下势，前后须相撑。
纵横迎敌顽，脚下慎驰骋。勾抹走八卦，一鞭定乾坤。

心悟与体悟 ④

正确运化碾步方能虚实转换顺遂

我们在习练85拳架时常常强调要分清虚实。那么如何运化才能达到分清虚实的效果呢？答案之一就是阴阳脚下换，通过正确运化碾步来实现两腿的虚实转换。

所谓碾步是指以脚的脚跟或脚掌为轴，使脚的脚掌或脚跟外摆、内扣旋转到一定角度的步法，这是85拳架中频繁出现的一种很重要的步法，但却常为人们所忽视。粗略统计，85拳架中的85个招式中就有63个招式含有碾步的运化。

碾步运化时，以脚跟为轴来控制脚掌的旋转角度，不外乎45度、90度和135度三种。比如搂膝拗步左、右势交替运化时，脚的外摆角度是45度。又比如如封似闭转十字手时，左脚内扣角度是90度。再比如揽雀尾转做单鞭时，右脚内扣角度是135度。

在前篇《单鞭式的实腿碾转及步幅、步宽问题》一文中，我们分析过从揽雀尾定势转化成单鞭定势时的桩型变化经历了正弓步桩→坐步桩→侧弓步桩的两个蓄发的运化过程。其中正弓步桩→坐步桩的转换就是通过碾步的运化来完成的。它是前接揽雀尾按势定势的正弓步桩，右脚以

揽雀尾按势

单鞭式

脚跟为轴，虚提脚掌碾转内扣至 135 度，然后脚掌落地踏平呈坐步桩型；随后再右腿松腰、落胯竖桩，左腿提收后朝东迈出呈单鞭定势。所以在这个过程中，碾步的运化就是一个独立的、不可或缺的内动节律。

在整个 85 拳架的拳势运化中，我们强调要把碾步的运化作为一个单独的蓄发过程，因为一动即分阴阳了嘛。这样才符合行拳的内动节律，才会体现出阴阳、动静、虚实、开合、刚柔和蓄发之间转换时的自然和谐。

武禹襄宗师说：气宜鼓荡，神宜内敛。勿使有缺陷处，勿使有凹凸处，勿使有断续处。其根在脚，发于腿，主宰于腰，形于手指。这当中的"其"字是个代词，它代表的是气宜鼓荡和神宜内敛。所以这段拳论的中心思想就是说意和气两个字。如果我们在拳势运化中能够以意行气、以气运身，正确运化碾步，完全能够避免缺陷、凹凸和断续的拳病，达到虚实分明、沉着轻灵兼而有之的行拳效果。

碾步运化时有两个要领，一是脚要与踝膝髋肩关节同轴运转，不可单独扭动膝盖，这样容易伤害膝关节。二是脚下不可重滞，要保持松沉中含着轻灵。要掌握这两个要领，归根结底要学会以腰骶为主宰带动四肢运化拳势。开始碾转时，要蓄劲、纳炁、蓄势，承重腿要松腰、落胯竖桩，身体自尔腾虚。碾转结束时，要发劲、吐炁、发势，承重腿要顶腰、提胯，脚掌落地踏平，内劲借地之力，由脚而腿而腰而肩而肘，形于手指，身体天然轻灵。

心悟与体悟 5

话说海底捞月招式

85拳架中,提手上势前接单鞭后续白鹤亮翅进行运化。但实际上,在提手上势和白鹤亮翅这两个招式之间还有个过渡性招式,叫做海底捞月,此招式不可忽略。

提手上势及其用法

白鹤亮翅及其用法

此说依据为何？牛谱载杨氏九诀之《全体大用诀》中的"回身提手把着封，海底捞月亮翅变，挑打软肋不容情"之句就是明证。少侯架230式小快式拳谱中记录了海底捞月与其前接和后续的招式。它们是：左右托捋、单鞭、提手上势、左顾右盼中定、海底捞月、凤凰单展翅、凤凰双展翅。

读者可以分别观看、比较蒋林先生（230式小快式）对上述这些招式的演练视频和赵幼斌先生（85式）对单鞭、提手上势、白鹤亮翅这些招式的演练视频，或可看出些许端倪来。

我们根据他们的视频演练和拳谱编排来观察、对照、比较拳势的运化。可以看出，230式小快式中的左右托捋相当于85拳架里单鞭式中双臂平抹两个椭圆的转动势，而其凤凰单、双展翅的招式在85拳架中则表达成白鹤亮翅招式。

杨澄甫宗师在传承老架时虽然去掉了海底捞月这个招式的名称，但是它前接提手上势、后续白鹤亮翅的拳意依然保留了下来。在传承过程中，澄甫架的某些传承流派在表达海底捞月招式时比较夸张，如牛春明一派做成右腿插步、肩靠肘击的拳势时有一个明显的停顿定势。读者可查看孟宪民先生演练的牛春明81式套路视频。而国编88式套路就没有表达出海底捞月式的拳势拳意，没有右腿插步的动作，在提手上势定势后，右腿后退半步直接做出了白鹤亮翅的定势。读者可参看国套88式视频。

85拳架里，从提手上势接做白鹤亮翅时，对海底捞月这个过渡招式的拳意、拳势的表达比较含蓄，须细细体悟，下边分述之。

提手上势技术要领

由单鞭定势到提手上势定势，这个运化过程中包括两个蓄发势，即侧弓步桩→侧弓步桩（左脚碾转内扣30度）时为一蓄一发，侧弓步桩（左脚碾转内扣30度）→坐步桩（前脚掌虚提）时又为一蓄一发。

定势时，在腰骶主宰下，顶腰、提胯、圆裆呈坐步桩型，前脚掌虚提，两臂合抱提起上封，使上下、前后、左右、内外八面支撑产生互争之劲力并由脚而腿而腰，最后输于两臂。眼神看右掌前上方。

海底捞月技术要领

由提手上势定势到海底捞月定势，这个运化过程是一个蓄发势。即坐步桩（前脚掌虚提）→侧弓步桩时为一蓄一发。

左腿松腰、落胯竖桩，身体左转面东、双臂合肘的同时拎回右腿随即再插步到右脚原位（右脚尖朝东南）；随后顶腰、提胯，重心移至右腿呈侧弓步，表达出右肩胯靠、右肘击、右臂掤推的意念来，眼神顾及右臂，此即是海底捞月定势。

白鹤亮翅技术要领

由海底捞月定势到白鹤亮翅定势，这个运化过程是一个蓄发势。即侧弓步桩→坐步桩（前脚跟虚贴地）时为一蓄一发。

右腿松腰、落胯竖桩，随身形先微右转再左转的同时，左腿拎回朝前落步使脚掌着地；然后顶腰、提胯、竖脊，右臂内旋碾转掤架于头的右前上方，左手采按至左胯前侧，左脚跟虚提。眼神注视前方呈白鹤亮翅定势。

白鹤亮翅定势的基本姿势是悬顶坐身，上下对拔。从技击含义上讲，白鹤亮翅一式是上分下踢的用法。左右两臂分置平衡，即右臂上提、挤靠架格，或掤或截，而左臂下按、分搂，或捋或采。前腿虽为虚步，但虚中有实，无须刻意把脚跟翘起，脚跟虚提即可，其中暗寓踢意。正如《太极拳体用全诀》中所描述：白鹤亮翅挤靠分，悬顶坐身寸腿踢。

王志远《百法歌·咏"截"》

截手义何解？阻拦敌直攻。阻非硬顶抗，分解化彼冲。楔入作拦切，步趋身齐拥，手之所处截，庖丁解牛同。

王志远《百法歌·咏"采"》

采手义何解？如权之引衡。粘捏须轻灵，权后知浮沉。
择而后取拿，实采发劲整。采后即放松，动牵杠杆秤。

王志远《百法歌·咏"踢"》

踢手义何解？挪移发脚踢。寸腿去不知，悄然纵于膝。
笼环逼化劲，七星搅冲劈。上惊寓下取，蹶然负痛跌。

心悟与体悟 6

提手上势与手挥琵琶的异同辨析

　　提手上势和手挥琵琶这两个招式从其定势的外形看非常相似，不过一左一右而已。但如从拳架内涵来分析的话，它们还真是完全不同的两个招式。相同之处是定势时两者都是坐步（前脚掌虚提）、手掌合于肘内侧的长短手的姿态，所表达的拳意又都是"封势"即守中寓攻之势。两者差异之处还是很大的，主要是这两个招式由于前接后续的招式不同，因此在拳势运化和拳意表达上是完全不同的。

提手上势及其用法

　　提手上势的拳意如《全体大用诀》所言：斜走单鞭胸膛占，回身提手把着封。这里指的是由单鞭的"开势"转为提手上势的双臂合抱之合劲发力而后形成"封势"这样一个拳势运化的过程。所谓"提手"并非单指手而言，实际上，这里指的是一种"提法"。如要充分发挥出这种"提法"产生的合劲，正确的做法是以腰骶为主宰，蓄势时左腿松腰、落胯竖桩，沉肩坠肘，两臂相合。发势时顶腰、提胯，顶劲由脚而腿顺畅通达于腰脊，最后输于两臂擎起，眼神注视右手掌前上方，产生上下、左右、前后、内外八面支撑、互争之力。发势完成后的定势处于"守中寓攻"的两臂长短手的"封势"状态，前脚寓踢之意。封势之后，视敌之变可做挤势，如杨澄甫宗师书中所言：或即时将右手心反向上，用左手掌合于我右腕上挤出亦可，身法步法与挤亦有相通处。

手挥琵琶及其用法

手挥琵琶式如歌诀云：双手如抱一琵琶，折肘剪腕用不差。这里指的是接前式左搂膝拗步的发势后，如对手握住我右腕，我跟右步送右掌先引后化彼来势，随即利用腰骶蓄势，以右掌折叠劲卸脱彼腕并将其反采，随即以左手上搓对方肘部，合力将其发出；或采住彼腕后，边往后移动自身重心，边以双臂拧裹之劲势，牵动引化对手失去重心，再乘势将其往前推按。

如要发挥好这种折叠劲或拧裹劲，要注意开始时跟右步送右掌时，要守住自身中定。身形要正，要肩胯齐进齐退，右肩不要前探，前去之中仍有后撑之意。蓄势时右腿松腰、落胯竖桩。发势时顶腰、提胯，劲力输于两臂发出。眼神先顾及右掌后采，随即注视左掌。定势时，保持守中寓攻的两臂长短手的"封势"状态，前脚寓踢之意。

王志远《百法歌·咏"提"》

提手义何解？合抱向上擎。两膊如龙缠，前后相呼应。
提搓须相连，御卸彼敌劲，进退似潮汐，拳斗如水行。

王志远《百法歌·咏"搓"》

搓手义何解？合抱揉擦意。虚实相渗透，长短莫分离。
缓应急相随，开合屈伸就。搓摩试其功，提放即淋漓。

王志远《百法歌·咏"引"》

引手义何解？诱赚使彼进。牵引使其近，近身始蓄劲。
擎其借彼劲，落空合即侵。查幽知微明，悠忽变俄顷。

王志远《百法歌·咏"拧"》

拧手义何解？两劲相扭绞。盘旋拧力偶，摺敌全凭巧。
奇正行纵横，阴阳飚呼啸。一跌何处去，渺茫落尘杳。

王志远《百法歌·咏"护"》

护手义何解？拱护守正中。太和浑元气，浩然伏其中。
六曲松均衡，筋骨成一统。上下悬一线，蓄势待发弓。

王志远《百法歌·咏"踢"》

踢手义何解？挪移发脚踢。寸腿去不知，悄然纵于膝。
笼环逼化劲，七星搅冲劈。上惊窝下取，蹶然负痛跌。

心悟与体悟 7

从搂膝拗步的左右势转换中体悟走猫步

太极行步是指拳架套路中连续移动的步法，因其神态如临深渊，如履薄冰，运劲如抽丝，迈步如猫行，所以也称走猫步。85拳架中，表达太极行步的拳式有搂膝拗步（前进）、野马分鬃（前进）、倒撵猴（后退）和云手（横行）这四式。

先要弄清拗步和顺步的概念。我们说弓步定势时，前脚与前臂分置身体两侧为拗步，而前脚与前臂分置身体同侧则为顺步。所以搂膝拗步式属拗步，野马分鬃式属顺步。

再来弄清所谓搂的含义。它是指我一手做搂的架势以防备对方拳或脚攻击我中下路，与此同时我的另一掌趁势推按对方之胸肋。其实搂的含义在拳架中还是很宽泛的，敌方七星部位之颈肩肘胯膝踝腕关节处皆可被搂。

85拳架中，搂膝拗步有三种表现形式，即搂膝拗步（左势）、搂膝拗步（左右势）和搂膝拗步（左右左势）。在招法编排中，搂膝拗步是一种连环出招的编排，即其左势与右势交替连环搂打向前进击，并与手挥琵琶交织编排形成攻防交替的态势，搂膝拗步（左势）—手挥琵琶—搂膝拗步（左右左势）—手挥琵琶—搂膝拗步（左势）。正如《行功歌诀》所云：搂拗琵琶走循环。

搂膝拗步左势及其用法

搂膝拗步右势及其用法

现在，我们以搂膝拗步左右势互换来具体分析和体悟太极行步。有学者提出，在做搂膝拗步左右势相互转换时有两个技术要领，就是"下走三角形和上找十字架"，细思此说极妙。"下走三角形"好理解，就是指搂膝拗步左右势转换时双脚移动的轨迹是呈三角形的，这样可以有效避免虚提腿时的夹裆现象。"上找十字架"是什么意思呢？其实是指保持双肩平行与竖桩腿呈正十字架的角度。所以，下走三角形和上找十字架的本质是调整尾闾以保持立身中正的状态。"上找十字架"不仅是行步运化的要领，而且具有普遍意义，实际上，所有拳势往复折叠和进退转换的运化都要遵照这个要领，只有这样才能保证处于拳论所说的"尾闾中正神贯顶，满身轻利顶头悬的"的状态。

搂膝拗步左势定势向搂膝拗步右势定势转化过程

桩型的转换为左正弓步桩→左侧弓步桩→右正弓步桩，其中包含两个蓄发势。

左腿松腰、落胯竖桩，以脚跟为轴，前掌虚起碾步外摆45度，要踝膝髋肩同轴左旋；待顶腰、提胯，左脚掌落地踏平呈左侧弓步后即完成第一个蓄发势。然后身体重心保持不变，继续边左转身边左腿松腰、落胯竖桩（注意此处的描述就是上找十字架），同时右腿虚提并随身体由左侧转至正面时将右脚跟缓送至右侧方落下；待顶腰、提胯，右脚掌落地踏平后呈右正弓步即为搂膝拗步右势定势，这又完成了第二个蓄发势。

搂膝拗步右势定势向搂膝拗步左势定势的转化过程

桩型的转换为右正弓步桩→右侧弓步桩→左正弓步桩，其中包含两个蓄发势。

右腿松腰、落胯竖桩，以脚跟为轴，前掌虚起碾步外摆45度，要踝膝髋肩同轴右旋；待顶腰、提胯，右脚掌落地踏平呈右侧弓步后即完成第一个蓄发势。然后身体重心保持不变，继续边右转身边右腿松腰、落胯竖桩（注意此处的描述就是上找十字架），同时左腿虚提并随身体由右侧转至正面时将左脚跟缓送至左侧方落下；待顶腰、提胯，左脚掌落地踏平后呈左正弓步，即搂膝拗步左势定势，这又完成了第二个蓄发势。

我们从上述搂膝拗步左右势相互转换的拳势运化中，可以明显体悟到其中的阴阳、静动、实虚和蓄发的核心要素。这些核心要素决定了习练行步的内动节律。把控好这种内动节律就会展现出迈步如猫行、运劲如抽丝的神态。建议读者在平时习拳中，可以将此招式作为行步桩功来专门进行训练，每天保持 30 分钟左右。

在后篇《练拳不谙虚实理，枉费功夫终无成》中，我们还将以搂膝拗步的左右势转换为例提出判定虚实的标准，并深入分析阴静实和阳动虚这两者间的对立、互根、消长和转化的关系。

王志远《百法歌·咏"推"》

推手义何解？推排使向前。其法分单双，皆为把敌撑。
推按劲须整，内外莫扯牵。劲须起脚跟，根梢须相联。

王志远《百法歌·咏"搂"》

搂手义何解？握持曳抱彼。曲接应圆满，上下须相随。
搂进圆活力，力偶使之背。掀翻俄顷间，闻搂敌胆碎。

心悟与体悟 8

倒撵猴退中寓攻的拳势表达

85 拳架中有两组倒撵猴招式,寓意人猴相搏。调皮的猴子向你讨吃的,甚至用爪子挠你,而你是边退边驱赶它,不让它靠近你,那么显然其拳意表达的是退中寓攻。

倒撵猴及其用法

倒撵猴在拳势的运化上是以腰骶为主宰,上下相随,一蓄一发。这可从步法和手法两方面的运化加以分析。

步法上,倒撵猴是一种后退式行步,要按照"下走三角形和上找十字架"的技术要领进行左、右势相互转换的运化。

手法上,配合步法的变化,两臂的运化是左右连环扳挽、探扑和按击。在两人相搏较技中,我方是且战且退,退为避其锋、诱敌深入，但退中有进，守中有攻，走中有黏，化中有发。总之，倒撵猴一式，虽在身形上表现为后退，但其主导的意念还是乘隙乘势向前以掌扑敌面或按其胸肋。如杨澄甫宗师书中所言：此式虽然倒退一步，仍可撵去敌劲，故谓之倒撵猴，其要尤在松肩沉气也。

倒撵猴左势

倒撵猴右势

倒撵猴左势

习练倒撵猴一式时，要注意如下几个问题：

其一，倒撵猴定势的步型是坐步桩，其前脚为虚。但与提手上势（前脚掌虚提）和白鹤亮翅（前脚跟虚提）中的前脚状态略有差别，前脚掌呈虚贴地的状态，当前掌前按扑击、后掌后捋护中的瞬间，前脚掌似有扒地着力的感觉。

其二，倒撵猴定势的两腿之间应有一定步宽以保持下盘稳定。后退时，前脚提起后要弧形斜退落地，这叫"斜退得横"，可使下盘稳而支撑八面。如果不采用斜退而是直退的话，就违背了"下找三角形"的技术要领，前后脚踏在一条直线上就没有步宽了（如 24 式简化太极拳）。下盘的不稳定必然会形成"直退宜溃"的兵败如山倒的态势。

其三，后脚落地时，要在大脚趾着地支撑下，脚外缘先落地并随着重心移向后腿的同时，以腰骶为轴，借地之力使腰顶劲上贯于前臂、发于敌身并牵动己之前脚掌往内摆扣至正前方。这就是"其根在脚，发于腿，主宰于腰骶，形于手指"的节节贯串。当然这种节节贯串并非仅限于骨之关节，而更是由意气势汇聚成的一股整劲。这样运化可以有效避免因后脚跟猛落地而使身体后仰的溃败态势，始终掌握退中有攻的主动权。

其四，前脚提起的顺序是先起脚尖后起脚跟，因为随着重心后移，后腿松腰、落胯竖桩的过程，前腿要轻提缓随。前脚掌先微微抬起是顺其自然（此时前腿膝盖宜略屈，不可绷直），而如刻意先抬起前脚跟则会使前脚踝绷紧挂力，有双重之嫌。

其五，神意的表达要专注前方之敌，倒撵猴左右两势转换时，当转身后臂撩起时，眼神可随之回瞄一下（瞥视），随即转至正前方并在定势时略定一下神（注视），不可为了追求所谓绵绵不断而未等前势神意定住即转身回头急着做后势。因为拳意是退中寓攻，而不是节节败退。

牛谱载杨氏九诀之《全体大用诀》描述倒撵猴时说：退行三把倒卷肱，坠身退走扳挽劲。在拳势运化中要细心体悟：何为坠身？就是悬顶落胯、气沉丹田、上下悬坠、支撑八面的一种态势。何为扳挽劲？就是前势定势转做后势时，前臂为扳（掌外旋），后臂为挽（绾手，掌内旋，卷肱）的一种态势。

王志远《百法歌·咏"走"》

走手义何解？退走避敌锋。宜退即以退，顺势得闪中。
斜退得横势，直溃落双重。退宜鼓其进，走化使落空。

王志远《百法歌·咏"坠"》

坠手义何解？泮涣臻松沉。顶劲擎全身，清轻使上升。
真气坠丹池，腹心劲清澄。上下成悬坠，乾坤能驰骋。

王志远《百法歌·咏"扳"》

扳手义何解？坠走作牵引。转肱逐虚涧，退行无滞病。
重重叠叠意，行行重行行。吞吐见圆光，闪赚使迷津。

王志远《百法歌·咏"挽"》

挽手义何解？绾手作导引。顺其来势力，牵之使背劲。
急流如旋涡，悠然使覆倾。运用只四两，转移化千斤。

王志远《百法歌·咏"扑"》

扑手义何解？挨身拍击掌。白蛇吐芯烈，扑面把敌创。
舒卷行吞吐，翻飞慨而慷。迎面挥铁扇，仓皇敌落荒。

心悟与体悟 9

云手式的云法内涵

85拳架中的太极行步中，除了前进步（搂膝拗步、野马分鬃）和后退步（倒撵猴）外，尚有横行步，这就是云手式。云手一式寓意两臂旋转似天上行云奔涌状，故名。杨澄甫宗师书中描述其运化时说：唯变化虚实交互旋转时，万不可露有凹凸断续之意。此式之妙用，全在转腰胯，然后可以牵动敌之根力，应手翻出。学者可细悟之。

云手及其用法

85拳架中，云手有三趟之多，每趟云手做五个。如《行功歌诀》所云："云手连环往东返，……云手连环又东返，……云手连环再东返。"三趟云手有规律地分别出现在八段分段法的第三段、第五段和第七段中。云手一式前接单鞭后续单鞭，很有规律性，形成单鞭—云手—单鞭的连环招法。

云手左势

云手右势

云手左势

所谓云手其实是一种"云法"，并非单指手的运转而言，而是以腰骶为轴带动四肢进行左、右势相互转化的运化。下身运动是转腰旋骶，以骶带髋，以髋带膝，以膝带踝，以踝带脚，脚随腰转，着地踏实，劲根于脚；上身运动是旋骶转腰，以腰带肩，以肩带肘，以肘带腕，以腕带手，手随腰转，形于手指，劲达指端。

就云手拳势运化要领而言，要注意腰骶和四肢两个方面。

先说腰骶。腰骶为全身之总根节，通过腰骶的竖向运动（骶骨的点头仰头运动）和横向运动（骶骨左右斜轴摆动）来引动骨盆偏沉生成蓄发之势，从而进行开立步桩（东南45度）—马步桩（正南）—开立步桩（西南45度）这三桩之间的互相转换。如此，在两个开立步桩处各有一个蓄发势，所以一个云手式的运化过程含有两个蓄发势。

再说四肢。运化时以腰骶的竖向和横向运动来带动手脚梢节移动，虚实转换要上下相随、连贯平稳。在三个桩相互转换时，移动脚要先脚尖后脚跟落地，双脚如压跷跷板样此起彼落，左脚跟落右脚跟起，右脚跟落左脚跟起。为了保持裆圆和防止出现外八字步现象，落脚时要用脚的外缘先着地。而以腰骶为轴的双臂要圆撑运化成环，要体会不同方向时的掤、捯、按、采、捞、抄六种劲势。比如，在开立步桩（西南45度）的右腿竖桩时，左臂抄、右臂采按；在开立步桩（东南45度）的左腿竖桩时，右臂抄、左臂采按。当从开立步桩（西南45度）经马步桩过渡转换到开立步桩（东南45度）时，左臂捯掤捯、右臂捞；当从开立步桩（东南45度）经马步桩过渡转换到开立步桩（西南45度）时，右臂捯掤捯、左臂捞。

需要说明的是，云手这种行步在步法上是横行式的行步，所以没有"下走三角形"的技术要求，但它在两个开立步桩的运化上依然要按照"上找十字架"的技术要领进行运化。

云手式的拳势运化离不开神、意、气的参与，眼神要始终随阳手的移动方向或敛或放或扫或瞥或注视，体现出左顾右盼之意。丹田内炁则随蓄发势的交替转换而鼓荡吐纳。

建议读者们平时可将云手式作为桩功来习练，每天保持30分钟左右，即两脚呈大马步开立，在两脚不离原位的情况下慢慢运化左右云手势，如此可以细细体悟到如上所述的云手势的云法内涵。

王志远《百法歌·咏"云"》

云手义何解？臂进如流云。始卒如若环，六虚相衡均。
云掤挑捯抄，拧裹钻翻运。连环劲绵绵，着着不落空。

王志远《百法歌·咏"掤"》

掤手义何解？相承架托膨。柔软以应敌，内中蓄刚强。
周身弹簧力，屈伸似弓张。笼环逼化劲，圆撑似围墙。

王志远《百法歌·咏"捯"》

捯手义何解？扬水若飞轮。惊弹走螺旋，捯惊务相称。
脱然掷寻丈，身手齐为真。谨防己内门，莫教他人乘。

王志远《百法歌·咏"压"》

压手义何解？往下行迫榨。云手一环中，抄捞搁捯压。
缺压即浮滑，攻手无应策。腾云又见雾，体用皆出岔。

王志远《百法歌·咏"抄"》

抄手义何解？如抄釜中物。挽手作抄捞，专捯敌胫骨。
拧裹作鼓荡，钻翻行踌躇。抄捯浮云中，颠翻使匐伏。

王志远《百法歌·咏"捞"》

捞手义何解？翻腕行搁抄。粘接彼腕踝，澎湃如潮涌。
中含浮沉劲，环中应相抱。轻轻运运中，首重圆融通。

心悟与体悟 10

野马分鬃式的先掤后挒

85拳架中，野马分鬃式和搂膝拗步、倒撵猴、云手一样，都属于连续移动的行步。拳家吴荫农先生诠释该势时，将之比喻成草原野马在狂奔转身时鬃毛甩动的形象。

野马分鬃式（右势）

野马分鬃式（左势）

野马分鬃式（右势）

野马分鬃和搂膝拗步一样，都属于前进式行步。在其左、右势相互转换运化中是两蓄两发，依然要遵循"下走三角形，上找十字架"这个技术要领。

在两臂运化上，如赵幼斌先生《杨氏太极拳真传》一书中对野马分鬃式描述：斜单鞭后此势连，先采后挒左右环。弓步助势攻腋下，肩靠肘打逼近旋。显然，野马分鬃的主要拳势是下采和上挒,而上挒的运化是掤挒,是先掤后挒。

在步法的运化上,野马分鬃左、右势的转换方式和搂膝拗步左、右势的转换方式相同。当左势转换为右势时,其桩型变换:左正弓步桩→左侧弓步桩→右正弓步桩。这个过程中有两个蓄发势。当右势转换为左势时,其桩型变换:右正弓步桩→右侧弓步桩→左正弓步桩。这个过程中也有两个蓄发势。要说两者拳势运化不一样的地方,就是搂膝拗步是拗步,野马分鬃是顺步。另外野马分鬃式的两脚步宽要比搂膝拗步式略大些,这样下盘较稳,以奏旋转如飞轮之挒劲的功效。

野马分鬃右势及其用法

杨澄甫宗师在其书中对野马分鬃式的用法有详细描述:由前式(斜单鞭),设敌人自右侧用按势按来,我即转身向右转,左足亦向右移动,右足脚跟松回,脚尖虚贴地。遂用右手将敌左右腕粘住，略往左侧一松，用左手挒其右手腕；同时急上右足，屈膝坐实，左足伸直。遂用右小臂向敌腋下掤去。则其根力为我所拔起，身即向后倾仰矣。此时左手亦须稍从后分开，用沉劲以称右手之势。

太极拳推手名家李亭全先生论及太极推手时，对上挒势有独到的见解。他认为挒即撕挒、挒开、挒倒之意。挒是一种快速旋转力，既有像飞转的轮盘将触及之物抛出去的离心力，又有似急流旋涡将漂浮之物卷吞淹没的向心力。总之，挒的要领用一个"旋"字就可概括，即所使的招法和劲力能使对方旋转以致倾跌。

他认为挒可单手也可双手；可以单独使用，但更多的是配合其他技法使用。在推手较技中可分为掤挒、架挒、挂挒、采挒、击挒等方法。

比如掤挒，即为拳架中野马分鬃的使用方法。甲乙两者推手较技中，甲左手采乙者左腕，右臂横放至其左腋下，右脚上步管住其左腿；同时左脚蹬力、右臂掤展、腰向右拧转。三者协调一致，一气呵成，将其摔跌。

再比如架挒，其和掤挒略有差异。甲乙两者推手较技中，甲左手抱缠乙者右前臂，然后右腿从其左腿外侧上步，管住其左腿；同时，腰向右扭转，右臂屈臂，用前臂的内侧向其右臂臑架挒。

王志远《百法歌·咏"掤"》

掤手义何解？相承架托膨。柔软以应敌，内中蓄刚强。周身弹簧力，屈伸似弓张。笼环逼化劲，圆撑似围墙。

王志远《百法歌·咏"挒"》

挒手义何解？扬水若飞轮。惊弹走螺旋，挒惊务相称。脱然掷寻丈，身手齐为真。谨防己内门，莫教他人乘。

心悟与体悟 11

斜飞势与野马分鬃的挒劲表达差异

85拳架中，野马分鬃和斜飞势都是表达挒劲的拳式。下边杨澄甫宗师的野马分鬃右势拳照和斜飞势拳照，乍一看好像完全一样，但实际上，野马分鬃拳照是正面照，斜飞势拳照是侧面照，两者外形虽相似，但并非一回事。两者的体用含义有相似之处，但也有某些微妙的差异，读者须细细体悟方能解其真意。

野马分鬃右势

斜飞势

在前篇《野马分鬃式的先掤后挒》一文中，我们对野马分鬃的手法和步法的运化有详尽的表述。在手法的两臂运化上，其主要拳势是下采和上挒，而上挒的运化是先掤后挒。但是斜飞势中的挒劲表达与野马分鬃式有所差异，其挒劲的表达虽然也是下采上挒，但其上挒不是掤挒而是靠挒，是先靠后挒，其定势是侧弓步。何以见得？让我们细解一下斜飞势的拳势运化便见分晓。

如何理解斜飞势的"斜"？如何表达和运化其挒势？人们在斜飞势的习拳实践中有不同的心悟和体悟。于是定势时就有人取面朝南，也有人取面朝西南；有人采用先撤腿后转身来运化挒势，也有人采用先转身后迈腿来运化挒势。孰是孰非，颇有争议。

斜飞势及其用法

我们先看看杨澄甫宗师在其《太极拳体用全书》中是如何论述斜飞势的：由前式（指倒撵猴），如敌人自右侧向我打来或用力压我右臂腕，我即乘势往下沉合蓄劲，随即将右手向右上角分展，用开劲斜击。同时踏出右步，屈膝坐实，似成一斜飞式，其用意亦需称其势也。

在这段论述中，关键词是"开劲斜击"，这其实就是个"挒势"的表达与运化。而书中所载斜飞势拳照是"侧面"而非"正面"，可能正是杨澄甫宗师强调该式用法所为，意在提示读者要观察该势：……似成一斜飞式，其用意亦需称其势也。而后人往往按照习练套路的惯性思维从正面观察而取定势时的身形方向斜（西南）与不斜（正南），这恐并非杨澄甫宗师原意。

亦有人提出所谓斜飞势拳照是"误植"右野马分鬃式拳照，这种说法恐怕也是站不住脚的。设想一下，如果是误植的话，只可能出现一次。查杨澄甫宗师和其弟子先后出版三本著作（1925年、1931年和1934年），内附两套拳照，其斜飞势拳照都是侧面照，这就不能说是误植了。而民国时期的武术教育家许禹生先生1921年出版的《太极拳势图解》一书中所绘的斜飞势图片亦是侧身，并形容此式如鸟之斜展两翼而飞，故名。所以，时过境迁，前人与今人的理解差异竟然如此之大，令人感叹武学的传承并非易事。

我们说挒劲的本意就是"旋和惊"，旋转是方法，惊弹是效果。如何在斜飞势的挒势运化中更好地表达出这种旋转力和惊弹力呢？下边，我们比较一下前述的两种不同运化方式。

第一种，先撤步后转腰再挒掌的运化。前接倒撵猴式的坐步桩，两臂合肘时面东偏北，左腿松腰、落胯竖桩蓄势，右腿提起并往右后方（西南方）撤步进腿，脚跟着地；然后顶腰、提胯，拧腰沉裆右转身的同时，右脚掌朝南落地踏平并旋左胯扣左脚呈右侧弓步桩的发势。与此同时，左手采，右臂的运行要做出肩靠、肘击、臂掤、掌挒的劲势。这种左采右靠挒加右腿套步封堵的运化，要求以腰骶为主宰，上下相随，意到、眼到、步到、手到、势到，发出整劲以奏旋转如飞轮之挒效。故而王志远《太极拳体用全诀》说：斜飞不斜方为真，引进始可采挒分。一跌不知何处去，拧腰沉裆进腿深。

第二种，先转腰后开胯再上步掤挒的运化。持这种观点的人强调从技击上讲，要先转腰，眼神顾及对方来势，才可定位落脚和臂挒的方向。

那么显然第一种运化方式是按杨澄甫所设敌人从"右侧"向我直接打来进行接招化解反制的；第二种运化方式则是假设自己先转过身来观察"前方"之敌，再出手加以反制。所以是假设的前提变掉了，故而运化方式就不同了。不过，如果从挒势表达角度来看，我认为第一种"先撤步后靠挒"的运化方式更能表达出"旋和惊"的效果，也更符合杨澄甫宗师所说的"开劲斜击"的本意。而第二种运化方式是先转过身来再做"先掤后挒"，这就和野马分鬃的运化方式类同了。所以，细细体悟，不同的运化方式所表达出的挒劲意味还是有所差异的。

王志远《百法歌·咏"靠"》

靠手义何解?其法在肩胸。发兮须忖正,贴身行砟崩。
莫要与穴偏,疾然如雷轰。细辨撞与靠,玄奥在守中。

王志远《百法歌·咏"开"》

开手义何解?开劲双手分。沉劲蓄气势,怀抱双捶争。
含胸开己门,诱敌使入深。拔背开彼门,突击使沉沦。

王志远《百法歌·咏"挒"》

挒手义何解?扬水若飞轮。惊弹走螺旋,挒惊务相称。
脱然掷寻丈,身手齐为真。谨防己内门,莫教他人乘。

王志远《百法歌·咏"旋"》

旋手义何解?动转似飞轮。激流成旋涡,卷浪若螺纹。
引进人莫晓,圆转意自深。形稳而势巨,触之便沉沦。

心悟与体悟 12

高探马之上惊下取

高探马招式在 85 拳架中共出现过两次，即第 30 式高探马和第 72 式高探马带穿掌。探马就是古代行军作战中的侦察骑兵，取名高探马源于拳势的上惊下取之意。

高探马及其用法

高探马带穿掌及其用法

杨澄甫宗师《太极拳体用全书》中对高探马式的描述：由单鞭式，设敌用左手自我左腕下绕逼，往右挑拨。我遂将左手腕略松劲，手心朝上，将敌腕叠住往怀内采回。左脚同时提回，脚尖着地，松腰含胸，右膝稍屈坐实。同时急将右掌由后而上圆转向前，往敌人面部探去。眼前看，脊背略耸有探拔前进之意。

请注意上述对高探马用法描述中的几个关键词：叠住采回（左手）、用掌探去（右手）、脊背略耸（身形）和探拔前进（身形）。所以高探马定势时的正确身形是：右腿为实，收胯坐稳，膝微屈；左腿为虚，暗含踢意；左掌叠劲暗采，右手横掌扑面；整个身形前后对拉，上下撑拔，是一体微前拔的高势。

田兆麟弟子陈炎林先生在其著作《太极拳刀剑杆散手合编》中描述了散手较技中，甲乙双方以高探马与白鹤亮翅招式互为攻防。

高探马式

白鹤亮翅式

左甲：左高探马（注：顺步左高探马）。

甲含胸拔背，右手采执乙右手腕，左掌前扑乙面部，同时左足向前直蹬乙右膝部。

右乙：白鹤亮翅

乙在上下将被击到时，左手即由下往内抄执甲右手腕，右手同时向外往后分化甲左掌并乘势向前闪击甲面部，右腿同时向左往后套化甲左足并还蹬之。

从上述拳意用法中可以看出，高探马拳势运化包含：一采一探，一拉一打，先拉（引）后打（发），上探下踢。这是典型的上惊下取的拳势运化类型。

要运化好高探马势，须以腰骶为轴，在右腿松腰、落胯竖桩，左脚虚提收回、重心后移蓄势的过程中，须避免身体前俯后仰现象，要体现出杨澄甫宗师所说的"脊背略耸，探拔前进"之意。为了克服身体前俯后仰的毛病，可有意识地把所接前式单鞭的弓步步幅适当缩小。当右腿顶腰、提胯、竖脊，将内劲发出时，眼神要平视前探掌，要有上下意气对拉之感。前掌要微坐掌，一为扑面，二为遮挡敌人视线。有人根据拳诀"高探马上拦手刺"一语，认为右手不是横掌扑面而是竖指朝前表达刺敌双目的意念，这可能是理解上的偏差，其实刺也是探，刺与探同义，刺探嘛。况且高探马带穿掌一式中已经表达了先右手横掌扑面，后换左掌竖指刺敌双瞳的拳意。

王志远《百法歌·咏"遮"》

遮手义何解？探掌蒙敌眼。上惊使迷乱，下取使之瘫。
笼罩遮蔽劲，用意须弥漫。遮掩失缠绵，难以制敌顽。

王志远《百法歌·咏"探"》

探手义何解？横掌遮眼蒙。障眼兼探鼻，环臂逼化笼。
探扑顾七星，立身要中正。上惊下踢取，彼敌无所从。

王志远《百法歌·咏"踢"》

踢手义何解？挪移发脚踢。寸腿去不知，悄然纵于膝。
笼环逼化劲，七星搅冲劈。上惊寓下取，蹶然负痛跌。

心悟与体悟 13

玉女穿梭巧为贵，护臂穿打四敌溃

杨澄甫宗师在其《太极拳体用全书》中论及玉女穿梭用法时说：此式左右手相穿，忽隐忽现，捉摸不定，袭乘其虚，故曰玉女穿梭以喻其势之巧捷也。

玉女穿梭左势及其用法

其书中描述了玉女穿梭左势的用法：由单鞭式，设敌人从后右侧用右手自上打下，我即将左脚随身同向右方扣转，右脚随即提回落在左脚前，脚尖侧向右分开坐实。左手收回合于右手腋下，随即护绕右大臂，穿过右肘，即用掤劲向左前隅（注：西南角）上翻去，将敌之手腕掤起；左脚同时前进，屈膝坐实，右脚伸直，右手即变为掌，急从左肘下穿出，冲向敌之胸肋部击去，未有不跌。

玉女穿梭右势及其用法

其书中还描述了玉女穿梭右势的用法：接前式（玉女穿梭左势），如敌人由身后右侧用右手劈头打来，我即将左脚往里扣转，右脚同时向后右侧（注：东南角）踏出一步，屈膝坐实。身随向后往右拗转，左脚变虚，急用右腕由敌右臂外粘住，往上右侧掤起，遂将左手向敌右肋按去。

玉女穿梭共有四势，按拳势运化顺序分别是一隅（西南角，左穿梭），二隅（东南角，右穿梭），三隅（东北角，左穿梭），四隅（西北角，右穿梭）。其定势虽为四隅方，但整体的攻防含义和身法转换却全部蕴含于八个方位之中，即四正方主防、四隅方主攻，查杨氏太极拳所有招式，唯此一式。故《全体大用诀》说：玉女穿梭四角封。

右势（四隅）

左势（三隅）

左势（一隅）

右势（二隅）

拳家王志远先生论述玉女穿梭的拳意和拳势运化更为详尽精彩，他说：左右前后，动作相连；一腿支撑，转腰换步；进步进身，步趋身拥；双手齐出，边掤边打；四角封穿，跌打兼使。其每势动作，都有它的起、承、转、合。发势为起，接榫为承，变换为转，成势为合。四个穿梭为一总式，每个穿梭的滚、裹、格、勒、抱、掤、托、穿，其开合须分阴阳，往复须有折叠，进退须有转换，都要精神团聚。每一动虚涵灵动，始有意动，既而劲动，运化柔润，依随自由，匀整浑圆，转接一线串成。神意相恋，劲气贯穿，绵绵不绝，周而复始，循环无穷。支撑八面而稳固厚重，八面转换而轻灵圆活，刚柔互运，虚实渗透，蓄发相变，奇正相生，周身浑然，功劲似有若无，形影飘忽莫测，劲力乍隐乍现，貌若柔软无力，实则无坚不摧。

上述玉女穿梭式的拳意和拳势运化的表达，与杨氏太极拳的班侯架、健侯架中的表达相一致，并无异处。但是在少侯架中，对玉女穿梭式的拳意和拳势运化的表达则别开生面，更加丰富多彩。

少侯架对玉女穿梭式的拳意和拳势运化的表达与澄甫架不同之处主要表现在两方面。第一是在拳势四隅的运化顺序上。澄甫架：西南→东南→东北→西北。少侯架：西南→东北→东南→西北。第二是在拳式组成上。澄甫架仅玉女穿梭一式，而少侯架则有玉女穿梭、下穿梭、翻身大捋、簸箕掌、辘轳势（三个）和簸箕掌六式之多。

读者可分别查看张文炳弟子蒋林先生（少侯架230式小快式）玉女穿梭组合招式的演练视频和赵幼斌先生（85式套路）玉女穿梭的演练视频。比较对照后可以看出，在少侯架（230式小快式拳架）中，玉女穿梭式的拳意和拳势运化的表达同拳架中其他招式一样，充分体现了这种技击性很强的拳法的特点：势小紧凑，小中寓大；单轻步法，轻灵快捷；转换细腻，神意熨帖；灵活多变，实用性强；

动作快捷，时缓时疾；发力冷弹脆快，刚柔忽隐忽现；运动量大，一气呵成；内外合一，神形兼备。

谈及玉女穿梭，不能避开的话题就是简化太极拳。简化太极拳始于杨澄甫宗师弟子郑曼青先生，所谓郑子37式拳架。国家体育局为推广普及杨氏太极拳，于1956年组织专家编创了24式简化太极拳等，这是习拳者人尽皆知的拳架。此外，有些拳家根据自己对澄甫架的理解，编创了许多简化太极拳套路，可谓五花八门。在这些简化套路中，唯有郑曼青先生改编的郑子37式和杨振铎先生改编的49式完整保留了澄甫架中"玉女穿梭四角封"的拳意和运化方式，其余的简化套路基本上都将四隅方的四个穿梭势改成了两个，硬生生地把一个好端端的富有武学魅力的拳式拦腰一刀肢解掉了，殊为憾事！须知，澄甫架传承杨氏老架，对玉女穿梭一式的改编已经是最简化的了，再简化就违背了"四角封"的基本拳意，便不能称其为玉女穿梭了。所以没有传承的所谓创新是经不起实践检验的，这就是我在多种场合呼吁杨氏太极拳的大众修炼要回归澄甫架的原因所在。

王志远《百法歌·咏"冲"》

冲手义何解？突发直擤击。凑力聚中轴，周身行抖击。起势陡而爆，劲促而猛烈。呼吸振根蒂，崩砟如霹雳。

王志远《百法歌·咏"封"》

封手义何解？合十护正中。上逼下提笼，变化无尽穷。
拧裹钻翻奇，先防后反攻。柔软避奄奄，刚劲宜浑雄。

王志远《百法歌·咏"滚"》

滚手义何解？臂膊作翻腾。滚动争柔绕，缠绵行曲伸。
劲力乍隐现，盘旋随吞吐。任督透中轴，周身气混沌。

王志远《百法歌·咏"格"》

格手义何解？沿臂作击格。格勒紧相连，莫使空切搞。
贯穿见圆光，金梭穿旮旯。劲气成浑元，陶然行六合。

王志远《百法歌·咏"勒"》

勒手义何解？循臂作格捌。意下寓上意，加以截之力。
转接一线穿，手随腰折叠。随曲而就伸，务使气敛脊。

心悟与体悟 14

85 拳架中的十大捶法说略

85 拳架中的所谓十大捶法，有 6 个单捶和 4 个复捶。6 个单捶为搬拦捶、肘底看捶、撇身捶、转身白蛇吐信、进步栽捶和进步指裆捶。4 个复捶为左右打虎、双峰贯耳、上步七星和弯弓射虎式。

进步搬拦捶式

肘底看捶式

搬拦捶和肘底看捶虽都是击敌胸肋部，但肘底看捶与其他五捶（搬拦捶、撇身捶、白蛇吐信、栽捶和指裆捶）相比，它的不同之处是隐而备发的"隐捶"招法。

撇身捶（一）

撇身捶（二）

撇身捶和转身白蛇吐信都是击敌面部，只不过转身白蛇吐信的反背捶以拳变掌，可穿敌双瞳。进步栽捶以右带左搂、进步栽捶击敌小腿骨。而进步指裆捶则由右搂左搂连环上步，以左肩前冲靠挤敌肋，遂以右拳击敌裆部等劲势组成。

进步栽捶式

进步指裆捶及其用法

6个单捶分别攻击敌上中下三盘,除撇身捶是用拳背击打外,其余皆用拳面击打。

左打虎式

右打虎式

左、右打虎式:要求两臂圆环饱满,两拳相荡相合,拳眼上下相向。左打虎面向西北方偏北,右打虎面向东南方。两势在一条直线上但面部相背。

双峰贯耳式

上步七星式

双峰贯耳式：其技击含义是以双拳夹击敌耳部。技术要领是先以己之双臂叠压住敌之双腕，随后翻转己之双臂后拥身向前，双拳贯击敌耳。

上步七星式：两拳交叉掤架，胸背有后撑之意，两拳眼要朝向里上方。两胯松沉呈坐步，有上下对拉之感。前脚虚（脚跟虚提），暗含膝顶脚踢之意。

弯弓射虎及其用法

弯弓射虎式：左手握正拳为冲拳发放，右手握反拳为当头捶，呈反手开弓放箭状。运化此势时，要注意动作和劲力协调一致，避免出现先落步转腰再移动双臂的现象。当双拳向东北方向出击时，要求拳到腿到，不可弓步已成，腰还在扭、手还在动。

心悟与体悟 15

搬拦捶的进步与卸步辨

85式传统套路中共有6个搬拦捶式，分别为第12、25、36、44、67、82式。杨澄甫宗师在书中论述此招法时说：此拳之妙用，全在化人击来之右拳。先以我之右手腕黏彼之右手腕，从左胁上搬至右胁下。其时，恐敌人抽臂换步，即将左手直前随步追去，寓有开劲。拦其右手时，即速将我右拳向敌胸前击去，则敌不遑避，必为我所中。此拳之妙用，所以全在搬拦之合法也。

进步搬拦捶及其用法

关于搬拦捶式在拳谱中的命名，澄甫架不同传承流派中有三种说法。

其一，赵幼斌、顾树屏、宋玉鹏（85式）等在其专著中都称第67式为搬拦捶，而称其余5式（第12、25、36、44、82式）为进步搬拦捶，此说与杨澄甫宗师书中同。

其二，杨振基（91式）、杨振铎（103式）等在其专著中将与85式套路里的6个搬拦捶式所对应的搬拦捶式统称为进步搬拦捶。

其三，牛春明（81式）在其专著《牛春明太极拳及珍藏手抄老谱》中，把与85式套路第12式相对应的拳式称为"进步"搬拦捶，与第44式相对应的称为"上步"搬拦捶，与第25、36、67、82式相对应的称为"泄步"搬拦捶。

可以看出，澄甫架里的搬拦捶式竟有四种命名。孰是孰非？何为"进步"？何为"上步"？何为"泄步"？只有通过观察搬拦捶拳势运化及拳意表达，才能厘清这些不同命名的依据。

我们说进步搬拦捶在拳势运化中有三个蓄发势，第一和第二个蓄发势是运化搬势的过程，第三个蓄发势是运化拦势和捶势的过程。

第一个蓄发势：

由左搂膝拗步定势起，左腿松腰、落胯竖桩，以脚跟为轴，脚掌虚提碾转外摆45度；然后顶腰、提胯，脚掌落地平踩地面呈左侧弓步。同时左掌翻转掌心朝上、右掌变拳，眼神看右拳。这为一蓄一发。

第二个蓄发势：

左腿松腰、落胯竖桩，腰微左转、右腿轻提缓随，腰微右转、右脚落到身体右前侧45度方向；顶腰、提胯，使脚掌落地平踩地面呈右侧弓步。同时右拳从胸前落至左下再向上、向右、向胸前搬出，左掌向左、向上弧形撩起后合在右前臂内侧，眼神看右拳。这为一蓄一发。

第三个蓄发势：

重心仍在右腿，右腿松腰、落胯竖桩，腰微右转时，右拳收至右腰侧、左臂立掌推向前方拦截护中，同时左腿轻提缓随、迈向前方脚跟着地，眼看左掌呈坐步，这为一蓄即拦势的运化；然后，坐步变弓步，腰微左转时左脚掌落地平踩地面，同时右拳前击，左掌沉肘收回、坐腕合于右前臂内侧，眼神看右拳，这为一发即捶势的运化。

所以，在进步搬拦捶式的一搬二拦三捶的拳势运化中，桩与桩的转换是左正弓步桩→左侧弓步桩→右侧弓步桩→右坐步桩→左正弓步桩。

通过详解进步搬拦捶的拳势运化，我认为前述牛春明先生的命名方法相对比较合理。让我们从技击含义和与前式的连接方式两方面来分析一下。

牛春明称第12式为"进步"搬拦捶。我们看第12式的前式是接左搂膝拗步式，定势是左腿前右腿后呈正弓步，身体重心在左腿。将右腿（后腿）提收后随即往右斜方进步，故称为进步搬拦捶是合理的。

牛春明称第 44 式为"上步"搬拦捶。我们看第 44 式的前式接转身右蹬脚式，当身体重心在左腿，蹬脚后的右腿落下但未触地（转身右蹬脚的定势）随即往右斜方上步，它与第 12 式动作类似但稍有区别，称为"上步"搬拦捶似乎也说得过去。

牛春明称第 25、36、67、82 式为"泄步"搬拦捶。我们看第 25、36、67 式接前式撇身捶或转身白蛇吐信式，都是右腿前左腿后呈坐步，身体重心在左腿，将右腿从前方提收后随即又往右斜方进步，故称为"泄步"搬拦捶，确有道理。我们再看第 82 式接前式弯弓射虎式，右腿前左腿后呈侧弓步，身体重心在右腿。接做搬拦捶式时，先将身体重心移至左腿后呈坐步，然后将右腿从侧前方提收后随即又往右斜方进步，故称为"泄步"搬拦捶也有道理。

注意"泄步"并非退步，它体现了一种先闪避或引化，然后再进击的意念。正如牛春明书中解释所言：泄步搬拦捶是因为右脚本在左脚之前，而右脚提起后，不但不向前上步，反而略收回，以泄对方来势，所以称为泄步搬拦捶。另外其书中对"进步"与"上步"解释说：进步与上步，意义本相同，只因动作不同，以此表示区别罢了。的确，进步与泄步明显不一样，但进步与上步是同义，只能说稍有不同，区分过细反易混淆。

不过有趣的是，我们从其书中所附的手抄老谱拳式 60 式影印件中所标拳式中可以发现，所对应 85 式套路中第44式的是"上步"搬拦捶，所以牛春明在其书中的拳谱中倒是采用了。但老谱中对应85式套路中第82式的是"卸步"搬拦捶，牛春明在其书中的拳谱中却将"卸"字改成了"泄"，不解其何意。其实细察"卸"与"泄"字的含义，还是有区别的："卸"指把东西去掉或拿下来，如卸货，有主动感；"泄"指液体或气体的排出，如排泄，有被动感。如果仔细品味的话，称卸步搬拦捶似乎更符合拳势主动引化对方来势的技术含义。

综上所述，我认为85式传统套路中，第12、44式应被命名为进步搬拦捶，第25、36、67、82式应被命名为卸步搬拦捶为宜。

王志远《百法歌·咏"搬"》

搬手义何解？俯仰迁敌劲。腰臂连运搬，护中拦截进。
化中寓打意，致彼使抗顶。一捶定乾坤，全凭搬拦灵。

王志远《百法歌·咏"拦"》

拦手义何解？臂随腰出击。拦截开敌门，暴露彼胸肋。
拦手形双斜，顺势能得力。搬拦得其法，顽敌向隅泣。

王志远《百法歌·咏"捶"》

捶手义何解？五指蜷里打。曲蓄以求劲，发放以直挞。
直捶非泊品，自古雄天下。十捶能精湛，太极能称霸。

心悟与体悟 16

进步栽捶打哪里

杨氏九诀之《全体大用诀》中说:转身蹬脚腹上占,进步栽捶迎面冲。所谓迎面冲,迎面冲拳也。面指什么?有人说脸,有人说小腿骨。

说小腿骨的依据是小腿骨的俗称是"迎面骨",于是歧义便由此而生。不得不指出"此面"非"彼面",虽然澄甫架中进步栽捶迎面冲的"面"是指小腿骨,但是班侯架中进步栽捶迎面冲的"面"是指脸或额头。

为什么这么说呢?这是因为拳架在传承过程中,有些招式会有一些演变。就拿进步栽捶来说,在班侯架中称箭步栽捶,此式前接转身蹬脚式,拳诀"转身蹬脚腹上占,进步栽捶迎面冲"所表达的拳意是一组连环出招的拳势,即先以脚蹬踹敌人倒地后,随即箭步向前,将右拳提至头上方,向前下击其面门处。可是有人仅看后一句"进步栽捶迎面冲"就妄言此"面"是指小腿骨,却忽视了此句的前一句是"转身蹬脚腹上占"的招法,自然也就得出了错误的结论。

而在传承班侯架和健侯架的基础上所形成的澄甫架中,进步栽捶一式的前式承接招式不是转身蹬脚式而是改成左右搂膝拗步式了，那么拳势运化自然也就有所变化，不是打脸而是打小腿骨了。

进步栽捶及其用法

进步栽捶招式在85拳架中的用法是，设对方用左脚踢来，我用右掌搂开；随进左步屈膝坐实，左臂搂开对方来手，右手遂握拳栽捶击其腰腹或小腿骨。根据其用法，进步栽捶拳势的基本运化方式是"右带左搂进步击捶"。运化此势的技术关键是虚领顶劲、折腰沉胯。其劲力之根在脚，发于腿，主宰于腰骶，节节贯串于右拳，以充分发挥右拳下砸使敌"栽倒"的威力。

折腰沉胯时要克服或低头或抬头或弓背或撅臀或右肩前探等弊病，定势时应保持头颈部与脊背部在一直线上。

可能是拳架传承过程中对拳意表达的理解差异所致，目前澄甫架的各传承流派中，进步栽捶的拳意表达都是一致的，那就是击敌小腿骨部位。但右拳的运化路线就不尽相同了，在右拳出击的运化方式上，按照澄甫架拳势运化即右拳收至腰间栽捶方式的，包括杨振铎103式、陈微明80式、赵斌85式、傅钟文85式、牛春明81式、崔毅士108式和董英杰85式。按照班侯架拳势运化即右拳提至头上方后栽捶方式的，包括褚桂亭85式、李雅轩115式。所以厘清进步栽捶迎面冲的拳意由来和拳势运化对盘练拳架还是有一定意义的。

王志远《百法歌·咏"栽"》

栽手义何解？俯身捶彼裆。状如栽禾秧，腰胫亦可创。
专攻敌下路，身法重沉降。虽为击地捶，仍须端身桩。

王志远《百法歌·咏"冲"》

冲手义何解？突发直窜击。凑力聚中轴，周身行抖击。
起势陡而爆，劲促而猛烈。呼吸振根蒂，崩砟如霹雳。

心悟与体悟 17

撇身捶之连环劈招法

撇身捶招法是以闪化应对背后来袭之敌。技击中可通过"抡拳"进行攻击。所谓抡拳的运化方式是指以肩为轴以拳为轮或以肘为轴以拳为轮这两种方式。

撇身捶开始运化时，要先做一个反背捶拳势（右肘横置暗含肘击）的拳意表达（杨澄甫书中语：右手握拳，暂于左肋腋间一驻）。那么接下来，随着身形闪化，以肘为轴以拳为轮的这种"抡拳"方式称为"撇击"更为达意，故名撇身捶。而国编88式套路演练撇身捶时，缺少肘击的拳势，是直接以肩为轴以拳为轮运化"抡拳"的。读者可参看88式套路演练视频加以比较。

撇身捶的反背捶势

撇身捶的扑面掌势及其用法

撇身捶招式在 85 拳架中共出现三次，分别是第 24 式撇身捶、第 35 式翻身撇身捶和第 66 式转身白蛇吐信。这三式的后续招式都是卸步搬拦捶，但因前接招式不同，所以在拳式命名上有所差异。前式接扇通背的称为撇身捶，前式接进步栽捶的称为翻身撇身捶，而撇身捶之反背捶的拳变掌（穿瞳）则称为转身白蛇吐信。

尽管如此，这三式如从拳意及拳势运化上看，基本上是一致的，都是设敌从背后来袭而应对的一种"连环劈"招法。其基本拳势是反背劈捶（右拳，暗含肘击）、扑面掌（左掌）和窝心捶（右拳）。反背劈捶是以拳背击打，扑面掌是以手掌扑击，而窝心捶是以拳面击打，一步三拳，劈头盖脸捶心窝。这种连环出招，让对手防不胜防。而要运化好这一步三拳的连环劈招法的关键是要以腰胯为轴，上下相随，两胯的虚实转换和两脚的随势碾转要灵活顺遂。

王志远《百法歌·咏"撇"》

撇手义何解？抡拳肘为轴。下盘配弓箭，捶掌连环劈。
劲长且寓短，知拍任君击。捶打闪化势，击敌如霹雳。

王志远《百法歌·咏"抡"》

抡手义何解？旋臂作挥动。以肩为轴转，肱臂气贯通。
势大而力巨，抡臂宜远攻。攻须防破绽。后防忌失控。

王志远《百法歌·咏"肘"》

肘手义何解？二门横肘冲。方法计五行，唯凭推挤拥。
被逼才屈使，莫用肘尖捅。六手融通后，变化始无穷。

王志远《百法歌·咏"扑"》

扑手义何解？挨身拍击掌。白蛇吐芯烈，扑面把敌创。
舒卷行吞吐，翻飞慨而慷。迎面挥铁扇，仓皇敌落荒。

心悟与体悟 18

闪身西北抱虎归，旋身向东肘底捶

《行功歌诀》曰：闪身西北抱虎归，旋身向东肘底捶。这说的是85拳架中相邻的抱虎归山和肘底看捶这两个相邻招式的拳意和拳势运化特点。

闪身西北抱虎归

所谓闪身西北抱虎归是指闪化反击之势。当我处十字手定势时，忽觉右后方之敌袭来，我迅即将身形往右后闪化，左手先反捌后推掌，右手先采后拦腰搂抱（杨澄甫书中语：先用覆腕搂去，旋用仰掌收回，如做抱虎式），故有"闪身"之说。

抱虎归山抱势及其用法

在抱势之后，右臂内旋经由胸前与外旋下落的左臂交会环抱后平抹穿掌向右斜前方拓展后（此时，左掌心朝上置于腰腹侧前部，右掌心朝前下）即左转腰胯（45度）做捋势。随后再接做挤势和按势。

有意思的是，拳家董虎岭先生在表达抱势时另辟蹊径，其右臂不是如上所述的经胸前内旋与外旋下落的左臂交会环抱，而是右掌（无须覆腕转仰掌）由体外侧下后方翻转提臂向上至前方，画大圆与左臂形成环抱。

抱虎归山（抱势）

抱虎归山（捋势）

抱虎归山（挤势）

抱虎归山（按势）

如此，抱虎归山一式共含有四势即抱、捋、挤、按。这些拳势的运化全凭腰骶为主宰，以腰胯的灵活转换以及两臂腕的上下配合而成。这里请注意，抱虎归山的四张拳照中，除了第一张表达抱势的，其余三张表达捋、挤、按势的拳照都是套用揽雀尾式中的捋挤按势的拳照，因为它们的拳势运化是相同的，仅方向不同而已，这点在杨澄甫《太极拳体用全书》中都做了注明。

抱虎归山式在85拳架中出现过两次，有人仅从外形看，就说抱虎归山式是右搂膝拗步式和斜揽雀尾式的组合。通过上述抱虎归山式中"抱"的拳意表达和拳势运化解读，可知此说难以成立。

另外有拳家认为由十字手式变换为抱虎归山式时，闪身西北方向时，眼神要先回视一下左臂的撩起，然后再随身体转动扭头看视右手，比喻老虎抱幼崽归山时的警惕性。细品此说倒也饶有兴味。

王志远《百法歌·咏"抱"》

抱手义何解？臂膀相环围。警觉应偷袭，闪赚斜搂推。引进捋挤按，腕转敌胆寒，捋抱凭用腰，抱得猛虎归。

王志远《百法歌·咏"推"》

推手义何解？推排使向前。其法分单双，皆为把敌撑。推按劲须整，内外莫扯牵。劲须起脚跟，根梢须相联。

旋身向东肘底捶

所谓旋身向东肘底捶是指由抱虎归山定势转做肘底看捶式时，身形从西北转向正东，这要大幅度旋转225度，运化起来是有一定难度的。

肘底看捶及其用法

肘底看捶与其他捶的不同之处是隐而备发的"隐捶"招法。故而肘底看捶式中的这个"看"字是不能省略的。此处之"看"并非指用自己的眼睛看自己肘底的拳头，而是"看打"之看，有看守、观察对方动静，伺机而动的意味。所以肘底之捶处于一种既守中护中又随时蓄势待发的状态。杨澄甫宗师《太极拳体用全书》中对肘底看捶式正是这样描述的：……右手急握拳转至左肘底，虎口朝上，以宿其势，向机而发，未有不应声而倒。此之谓肘底看捶也。

肘底看捶式的运化要以腰骶为轴，四肢为轮，上下相随，虚实转换。其内动节律共有下述四个蓄发势：

两腿的运化是由抱虎归山定势起，右腿松腰、落胯竖桩，脚掌内扣碾转到朝正南后落下呈坐步（一个蓄发）；右腿松腰、落胯竖桩，左腿提起并开胯外展朝东迈出呈弓步（一个蓄发）；左腿松腰、落胯竖桩，右脚随胯提起随即右脚落回比原位稍近的位置呈坐步（一个蓄发）；右腿松腰、落胯竖桩，左腿随胯提起后随即朝前落下呈肘底看捶之坐步定势（一个蓄发）。两腿的运化一起一落，如同压跷跷板一样。

两臂的运化则随着两腿的运化和身体从西北到正东的转向而变，两臂抹平圆至东南方时微坐右掌，左掌依序掤捋采抄托后出掌朝前，右掌随之先将拦盖，后变拳置于左肘下以护己胸腹，遂伺机而动，故称"看捶"。

王志远《百法歌·咏"看"》

看手义何解？看守敌动静。中和身在抱，神闲气若宁。
聚神又敛气，蓄势待彼动。知拍乘机隙，后发守中定。

王志远《百法歌·咏"藏"》

藏手义何解？掩手于伏隐。隐锋藏气脉，曲伸潜踪影。
神以如来力，智以藏往劲。藏劲有若无，功夫入化劲。

王志远《百法歌·咏"冲"》

冲手义何解？进步直拳驰。搅冲尊缠绕，劈重崇直使。
看捶护中手，乘隙冲莫迟。挨步上下逼，发劲如发矢。

心悟与体悟 19

上步七星式拳意表达

上步七星一式的命名源于该式定势时的拳架结构布局，从侧面看，是头、肩、肘、手、胯、膝、脚七个部位的位置，其形势排布恰似北斗星天枢、天璇、天玑、天权、玉衡、开阳、瑶光七星（亦称勺子星），头肩肘手为勺子，胯膝脚为勺把子，故名。说到在太极拳套路的招式中整体代表性的体现，恐只有此一式。

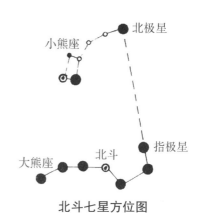

北斗七星方位图

上步七星及其用法

上步七星在 85 拳架中的具体用法是前接单鞭下势，假设我左腕被对方右手抓住，我即趋身向前，双掌变拳并交叉于胸前，将其手臂拦切并往上掤架，同时用右膝上顶或右脚前踢，这是一个典型的上惊下取的用法。定势时两拳交叉掤架，后背有后撑之意。两拳眼要朝向里上方，过于朝里则易翘肘，过于朝上则掤劲不足。两胯松沉呈坐步，前脚跟虚贴地，有上下对拉之感。

要说这七星在拳架中各有什么体现或代表性的动作，这就多了。从太极拳"十要"的要求来看，处处离不了这七星的部位，什么顶头悬了，沉肩坠肘了，松腰落胯屈膝了，上下相随了，分虚实了等等，哪个都离不开这七星部位。

再从太极十三势中拳劲的运化角度来看，掤捋挤按采挒肘靠和进退顾盼定，这些都离不开这七星部位的运化。比如说掤劲一般可在手、腕、前臂、肘及臂臑这些部位上。捋是借对方来势采其腕、擒其肘使其前扑落空。挤是用单臂或双臂的前臂外侧贴身挤推对方。按包括按压和推按，可推按其臂、肩、腰等部位。采是抓握，抓而牵为采，握而领也是采，一般是采其腕、肘、前臂、手、臂臑。挒是用体位扭转的摔法破坏对方平衡。肘是通过屈肘，用肘尖或其周围部位或顶或撞或挤对方，是在自己上肢的梢节腕与根节肩被对方拿住时的解脱之法。靠是用肩、背、胯部或冲撞或撞靠或靠击对方之力，一般是自己上肢的梢节腕和中节肘被对方控制后的反制方法。

要说这七星在85拳架中各自的表现，头、腕、胯、脚表现得较多，比如脚在分脚、蹬脚的各式中都有表现。肩、肘、膝表现较少。肩靠的拳意表现在斜飞势中。肘击的拳意表现在扇通背式转撇身捶时的反背捶动作中。膝顶表现在下势转做金鸡独立势的动作中，另外膝顶在右蹬脚转做双峰贯耳式的动作中也有表达。当然在上步七星坐步定势中，前脚为虚但暗含膝顶的拳意。

拳谚说：顾在三前，盼在七星。这里的顾是顾及、保护自己，盼是企盼、打击对方。拳势运化中的神态要审时度势，眼观六路耳听八方，在护住自己上中下三盘的同时来控制和打击对方的七星部位。

王志远《百法歌·咏"截"》

截手义何解？阻拦敌直攻。阻非硬抵抗，分解化彼冲。楔入作拦切，步趋身齐拥。手之所触截，庖丁解牛同。

王志远《百法歌·咏"踢"》

踢手义何解？挪移发脚踢。寸腿去不知，悄然纵于膝。笼环逼化劲，七星搅冲劈。上惊寓下取，蹶然负痛跌。

心悟与体悟 20

85 拳架中的腿法一览

85 拳架中，体现腿法的招式很丰富。从技法上可大致分为如下几类。

1. 分脚，包含左右分脚 1 式。其技击含义是脚面绷平，脚尖踢出或脚背摆击。

右分脚（1）

右分脚（2）

左分脚（1）

左分脚（2）

2.蹬脚，包含转身左蹬脚、右蹬脚、回身右蹬脚、左蹬脚、转身右蹬脚和回身十字腿6式。其技击含义是以脚跟或全脚掌蹬踹。

转身左蹬脚及其用法

右蹬脚及其用法

3.踢腿，包含退步跨虎、白鹤亮翅、高探马、上步七星4式。它们的共同特点是坐步，前虚腿隐而攻之。其中白鹤亮翅和退步跨虎两式有上分下踢的技击含义，即一臂挤、靠、架、格，另一臂下按、分搂，前腿乘隙踢出。注意体悟退步跨虎的"跨虎"意境与白鹤亮翅的"飞上天"意境的区别。高探马和上步七星两式有上惊下取的技击含义，即以己之拳掌袭向敌面部，乘敌方惊愕之时，前腿乘隙踢出。

退步跨虎及其用法

4.踩脚，包含金鸡独立1式。其技击含义是前腿提膝下落时踩跺敌脚。

5.膝顶，包含金鸡独立和双峰贯耳2式。其技击含义是以膝盖顶击敌裆部。

金鸡独立左势　　　金鸡独立右势　　　双峰贯耳式

6. 扫腿，包含转身摆莲 1 式。其技击含义是以己之双臂采住敌之双臂，左腿做扫蹚腿势。

7. 摆腿，包含转身摆莲 1 式。其技击含义是以右腿横摆，用脚背缘部击打敌肩胸部。所谓双摆莲是指扫腿为一摆莲，摆腿为二摆莲。

转身摆莲及其用法

由退步跨虎定势转做转身摆莲势时，共有三个蓄发势。

第一个蓄发势：右腿松腰、落胯竖桩，然后顶腰、提胯，双臂弧形抹转，左掌移至左额前，右掌经腹前推至胸前呈一坐步封势。

第二个蓄发势：重心仍在右腿，右腿松腰、落胯竖桩，先以右脚掌为轴，两脚掌着地碾转旋身向后。随即右腿顶腰、提胯，提左腿旋转扫腿，以左脚掌在西北角着地锚住定位。与此同时，两臂掌心朝下随身抹转。注意旋身和扫腿两动作之间不要断劲，要上下相随、前后互撑。

第三个蓄发势：将重心移至左腿，腰自右向左微转，左腿松腰、落胯竖桩，右腿提起。然后顶腰、提胯，右腿从下向上继而向右弧形横摆，此时脚背与两手掌先后相蹭而过。注意是脚背迎掌相蹭，而不是两掌主动拍击脚背。其意境如杨澄甫宗师所言：脚过似疾风摆荡莲叶，所谓柔腰百折若无骨，辄去满身都是手。

从以上诸多腿的用法可以看出，只有在承重腿松腰、落胯竖桩时保持稳定支撑，踢出的腿才能出腿轻灵。其击打位置是敌之胫、裆、肋、胸、肩部。所以并非腿抬得越高越好，如刻意做成"朝天蹬"式则与拳意不合。

以上，我们将85拳架中的腿法比较粗略地进行了分类介绍，主要对各种腿法的技击用意加以区分说明。可以看出各种腿法不外乎蹬脚和踢腿这两种类型。蹬脚是在独立支撑腿脚下生根基础上，用脚跟或全脚掌发力踹人，而踢腿则以膝关节为轴，用脚尖弹抖直踢或以脚背摆击。

关于腿法中的回身十字腿一式，不少拳友有些疑惑。发现其拳意和拳势运化与右蹬脚完全一样啊，那为什么叫十字腿呢？好像名称和拳意不符啊？关于这个问题，我曾做过粗略考证。在这里，我轮廓性地加以简单阐述以厘清有关概念。杨澄甫宗师生前与其弟子出版过三本著作和两套拳照，即1925年的《太极拳术》、1931年的《太极拳使用法》和1934年的《太极拳体用全书》。在这三本书里，对十字腿的招式的名称和用法表述是不一样的，

1925年的书里称该式为十字腿，技击含义表达的是蹬脚。1931年的书里称该式为十字单摆莲，技击含义表达的是摆腿。1934年的书里又将该式称为十字腿，技击含义表达的是蹬脚。而且1931年和1934年的书里都是用的同一张拳照。

回身十字腿及其用法

我们知道，澄甫架是传承其父兄班侯架、健侯架和少侯架而来的。追根溯源，十字腿的招式在班侯架和健侯架中称为转身十字腿，表达的技击含义是单摆莲。而十字腿在少侯架中的技击含意表现得更加丰富，包括转身右摆莲、退步左摆莲和十字腿。

所以，澄甫架在传承杨氏老架基础上加以简化，将名为十字腿招式的拳意改成了右蹬脚的拳意，这点是没有疑义的，但确有点名不符实。

杨澄甫宗师弟子中，也有的曾受教于杨班侯、杨健侯或杨少侯，受到他们拳架的影响，因此在十字腿这个招式上也有不同的称呼和拳意表达。比如，赵斌85式等大部分传承流派都按照杨澄甫宗师的说法称该式为十字腿，其拳意表达的也都是两掌前后分推，提起右腿以脚跟蹬踹敌方；牛春明81式等传承流派，拳意表达的也是两掌前后分推，提起右腿以脚跟蹬踹敌方，但拳式名称为转身右蹬脚；褚桂亭85式，称该式为十字腿，但拳意表达的是单摆莲；国编套路88式，则称该式为转身十字蹬脚，拳意表达的是两掌左右分推，提起右腿以脚跟蹬踹敌方。时过境迁，拳架在传承过程中由于各种原因，拳意表达和拳势运化有所变化在所难免，但有一条，这些改变都没有背离拳谱，我们只要知道来龙去脉即可。

王志远《百法歌·咏"分"》

分手义何解？开手分脚踢。手脚同时分，上笼下提袭。左右肋下取，劲蓄肘与膝。意注四梢头，其势似比翼。

王志远《百法歌·咏"蹬"》

蹬手义何解？提膝飞腿踹。蹬脚膝骨迎，回身腹上占。上笼下进取，心乱肋骨断。脚落腿复起，彼敌竟闸闽。

王志远《百法歌·咏"摆"》

摆手义何解？脚过风摆莲。掩护击横劲，浩荡如波涟。柔曲疑无骨，意牵劲相连。若要显神奇，莫忘气收敛。

王志远《百法歌·咏"撅"》

撅手义何解?开合上下刮。前后应敌势,摆莲带扫撅。
柔曲资环化,折叠若无骨。手疾脚如风,旋风声耆耆。

心悟与体悟 21

左右分脚式体用详解

前文已述及杨氏太极拳的腿法大致分为蹬脚和踢腿两类，蹬脚是用脚跟或全脚掌发力踹人，而踢腿则用脚尖直踢或以脚背摆击。

左右分脚式属于踢腿这一类，其拳意是分别以手抄拿敌人之左右肘，然后以脚尖平直向敌肋踢去或以脚背摆击其肩腋部。《全体大用诀》说：左右分脚手要封。意思是说当你出腿时，一手须压住敌肘采回，一手暗采敌腕或肘，这当中含有一个"捋来架去"的十字手法。

右分脚及其用法

陈炎林先生在其著作《太极拳刀剑杆散手合编》中描述了散手较技中，甲乙双方分别采用左右分脚和左右搂膝拗步招式攻防，参看下面图片。

右分脚式

右搂膝拗步式

右甲（右分脚）：甲乘势抄执乙右肘，同时身向上升，以右足尖踢乙右腋部。

左乙（右搂膝）：乙在将被踢到时，左手随腰腿右转势，由右臂下往右抄执甲之右手腕，同时右手向右下搂抄甲之右足。

左分脚式

左搂膝拗步式

左甲（左分脚）：甲在被搂至将背时，落下右足，左手随腰腿右转势，向右由乙左臂下抄执乙左肘，乘势以左足尖踢乙左腋部。

右乙（左搂膝）：乙在将被踢到时，右手随腰腿左转势，由左臂下往左抄执甲左手腕，同时左手向左下搂抄甲左足。

关于杨氏太极拳的分脚和蹬脚用法，拳家王志远先生有过一段精辟的论述，摘录分享如下：

……无论是蹬脚或分脚都不是用腰胯的劲，而是提膝出腿弹劲的瞬间分蹬，因为如果用腰胯力量分蹬，反而易使身体失衡，导致劲力分散不整。分蹬踢出脚的根在于另一支撑腿，换句话说，分蹬脚的关键在独立支撑腿。支撑腿的脚胯腰相连坐稳是踢出脚的基础和所发之劲的源泉。然而虽说分蹬脚不是用腰胯劲，但起脚发劲仍需以支撑腿为根本，立定根力，劲起脚跟，两腿相随相合，根根相连。上手下足中腰无处不相应。劲劲相贯，劲于内换，节节贯串，其劲整、勇猛、根深，总以浑然周身的整劲，一气呵成。如此，则分蹬起处，敌人必然应腿而跌了……

读了王志远先生这段论述，读者可对照观看一下董虎岭先生85式演练视频中的踢腿、蹬脚拳势的运化表达，你就会感觉到此说确有道理。

左右分脚式作为腿法的代表性招式是比较复杂，也比较有难度。如果不了解技术要领，习练者往往会身形东倒西歪、前俯后仰，或者干脆不求细节，动作不到位，笼而统之地描拳，只是比画出个大概轮廓而已。为了运化好左右分脚式，现将其拳势运化以分解动作详述之。

右分脚（1）

右分脚（2）

右分脚拳势运化：

1.前接高探马定势，随着腰先微右转后左转、双臂弧形抹转的同时，右腿松腰、落胯竖桩，左腿提收并往东北方迈步出腿，脚跟着地，此势为合为蓄。桩型：右坐步桩（正东）→右坐步桩（东北）。

2.随着顶腰提胯、腰微右转，脚掌落地踏平呈左侧弓步，同时双臂继续弧形抹转，左臂横掤于胸前，掌心斜朝内护胸肋。右掌往东南向探出，掌心朝前下，掌根稍坐，眼神顾及右掌，此势为开为发。要注意手脚同步，即弓步与双臂要同时到位。桩型：右坐步桩（东北）→左侧弓步桩（东北）。

3.随着左腿松腰、落胯竖桩,腰微左转,此时右脚收回至左踝旁随即提收。同时右臂先捋后采经腹前抄手与横掤于胸前的左臂呈十字手形交叉于胸前,眼神顾及两掌相交,此势为合为蓄。桩型:左侧弓步桩(东北)→左独立步桩(提脚)。

4.随着身形微右转,顶腰、提胯,左膝由曲变直,右腿沿膝盖头方向朝东南方向分脚,同时双臂由十字手形翻转展开,右臂与右腿方向一致,眼神顾及右掌,此势为开为发。桩型:左独立步桩(提脚)→左独立步桩(分脚,东南)。

左分脚(1)　　　　左分脚(2)

左分脚拳势运化:

1.左腿松腰、落胯竖桩,右腿收回后往东南方迈步出腿,脚跟着地,双臂弧形抹转,此势为合为蓄。桩型:左独立步桩(分脚,东南)→左坐步桩(东南)。

2. 随着顶腰、提胯，腰微左转，脚掌落地踏平呈右侧弓步，同时双臂继续弧形抹转，右臂横掤于胸前，掌心斜朝内护胸肋。左掌朝东北向探出，掌心朝前下，掌根稍坐，眼神顾及左掌，此势为开为发。要注意手脚同步，即弓步形成和双臂到位要同步。桩型：左坐步桩（东南）→右侧弓步桩（东南）。

3. 随着右腿松腰、落胯竖桩，腰微右转，左腿收回至右脚踝旁随即提膝。同时左臂先将后采经腹前抄手与横掤于胸前的右臂呈十字手形交叉于胸前，眼神顾及两掌相交，此势为合为蓄。桩型：右侧弓步桩（东南）→右独立步桩（提脚）。

4. 随着身形微左转，顶腰、提胯，右膝由曲变直，左腿沿膝盖头方向朝东北向分脚，同时双臂由十字手形翻转展开，左臂与左腿方向一致，眼神顾及左掌，此势为开为发。桩型：右独立步桩（提脚）→右独立步桩（分脚，东北）。

所以，要做好左右分脚式，归根结底要遵循源动腰骶转股肱的运动规律即以腰骶为主宰带动四肢上下相随、内外相合、起承转合、开合起落，把控好动静虚实转换有章、开合蓄发折叠有法的内动节律。

心悟与体悟 22

85拳架中的连环招法编排特征

85拳架中，招招相连，势势相应，有不少连环出招的拳意编排。比如《行功歌诀》中"搂拗琵琶走循环，搬拦捶打封闭按"之句就描述了左搂膝拗步—手挥琵琶—搂膝拗步（左右左势）—手挥琵琶—左搂膝拗步五个招式的连续进步攻防态势及随后的搬拦捶接如封似闭招式的攻防对应。

搬拦捶在拳意表达上，搬为横肘搬拿解化，拦为拦截护中防守，捶为乘隙进击。一搬二拦三捶，三势连环出招，一气呵成。习练时要注意做搬势时，右脚要迈步到右斜方45度，两腿间保持足够的步宽，以备做紧接之后的拦、捶两势时有利于下盘沉稳，圆裆开胯，进取中路。

如封似闭是形体动作，十字手状比喻为"封"并隐含格肘之意。双手收回到腋窝处后，翻转双掌向前按出似关门之姿为"闭"。这个按势劲较短，更像是"闭劲"的延续。

再比如，《行功歌诀》中曰：海底探针扇通背，撇身捶接搬拦捶。此四式连用，是85式传统套路中的又一连环出招之法。这四式连环出招的拳意表达是，前接左搂膝拗步式，设对手握住我右腕，我即使出海底针式牵动引化彼来势下坠、折腰、前插使其落空；紧接着以左手采压住敌腕，起身的同时左腿插其裆，随后右转身将其臂提滚托架，左掌推击其肩胸部将彼放出；忽又觉有敌背后来袭，遂使出撇身捶背后反击，通过右转闪化，横右臂暗含肘击，先以右臂抡拳撇击敌面部，后出左掌击敌面门或胸肋，再出右拳击敌腹部；如敌不退遂再使出卸步搬拦捶。真可谓招招连环，令对手防不胜防。

习练此四式连环出招组合时，要注意上下相随、动作连贯，以及随身形转换时的两脚要自然蹍转以平衡身体虚实。

85拳架中，还有不少连环出招的拳意编排，如"单鞭探马双分脚，转身左蹬双搂拗""进步栽捶撇身捶，搬拦捶连右蹬脚""左右打虎回右蹬，贯耳左蹬转右蹬""单鞭下势金鸡立""下势七星跨虎威"等等都是描述连环出招的行功歌诀。

85拳架中，这些连环招法的编排独具匠心，既保留了武术较技的原始意蕴又展现了往复折叠、进退转换、连绵不断的运化风格。

归纳起来，这些连环招法的技术特征可大致分为如下四种类型。

第一类：连环掌招法

左搂膝拗步—手挥琵琶—搂膝拗步（左右左势）—手

挥琵琶—左搂膝拗步。其技术特征是一攻一防、攻守兼备的连环掌用招。

第二类：连环捶招法

进步栽捶—翻身撇身捶—卸步搬拦捶。其技术特征是以栽捶攻击面前之敌随即闪化反击身后之敌，以撇身捶的一步三捶（反背捶、扑面掌、窝心捶）和搬拦捶（一搬二拦三捶）的连续组合拳使敌猝不及防，无所遁形。

第三类：连环腿招法

右分脚—左分脚—转身左蹬脚。其技术特征是脚踢四方之敌，连续踢腿和蹬踹发力。

第四类：连环腿和连环捶组合招法

左打虎—右打虎—回身右蹬脚—双峰贯耳—左蹬脚—转身右蹬脚。其技术特征是拳脚相加的上打下踢招法。

在拳架套路演练中，上述第一、二、四种类型的拳势运化都很流畅，充分表达了连环出招的拳势意境。唯有第三种类型的连环腿招法在某些招式的拳势运化中感觉不是很顺畅，比如在左右分脚式的左分脚转做转身左蹬脚时，在转换中感觉有棱角。究其原因，也许是杨澄甫宗师当年在定型拳架的组成结构时，考虑到大众普及的因素而舍弃了某些有难度的招式所致也未可知。

下面，我们通过比较澄甫架85式和少侯架230式小快式这两种不同风格拳架中的连环腿招法编排来具体分析一下。

澄甫架 85 式套路：

拳式组成：右分脚—左分脚—转身左蹬脚。参见下图连环腿演示图示。

　　　右分脚式　　　　　　　左分脚式

转身左蹬脚式（1）　转身左蹬脚式（2）　转身左蹬脚式（3）

少侯架 230 式小快式套路：

拳式组成：右分脚—左分脚—挂树蹬脚—睡罗汉—转身左蹬脚。参见下图蒋林先生连环腿演示拳照。

右分脚式

左分脚式

挂树蹬脚式（1）

挂树蹬脚式（2）

睡罗汉式（1）

睡罗汉式（2）

转身左蹬脚式

读者还可通过观看赵幼斌先生和蒋林先生的连环腿演练视频来观察、比较和体悟。可以看出，少侯架给人的感觉很流畅，招式之间的衔接没有什么棱角。反观澄甫架，由于定型时舍弃了少侯架中的挂树蹬脚和睡罗汉这两个拳式，故而在拳势衔接和运化中就显得不够顺畅了，殊为憾事。

心悟与体悟 23

海底针与扇通背体用细述

在上篇《85拳架中的连环招法编排特征》一文中，我们对海底针、扇通背、撇身捶和卸步搬拦捶四式连环招法的应用进行了粗略的介绍。本篇，我们详细介绍一下海底针和扇通背两式的用法和拳势运化。

海底针寓意："海底"是指人体任督两脉之交会点即会阴处，人之裆部要害部位。"针"是说骈指（除拇指外四指并拢）竖直前插，是一种指法。

海底针及其用法

杨澄甫宗师在《太极拳体用全书》中论述此势：由前式（指左搂膝拗步），设敌人用右手牵住我右腕，我即屈右肘坐右脚转腰提回，手心向左，左脚亦随之收回并脚尖点地。如敌仍未撒手更欲乘势袭我，我即将右腕顺势松动，折腰往下一沉，眼神前看，指尖下垂，其意如探海底之针。此时虽欲采欲战，皆往复成一直力，不意为我一挫，则其根力自断，便可乘虚进击也。

此段运势论述的关键词是"折腰、沉、采和挫"，这些都是向下运行的劲力。折腰和沉采可看作为"蓄势化劲"，而挫为"发势发劲"，即化中有发、先化后发。

扇通背寓意：两臂随着身形闪展，似打开一把折扇，劲由脊发。

扇通背及其用法

杨澄甫宗师在《太极拳体用全书》中论述此势：由前势（指海底针），设敌右手来击，我即将右手由前往上提起至右额角旁，遂将手心向外翻以托敌右手之劲。左手同时提至胸前，用手掌冲开，直劲向敌肋部冲去。沉肩坠肘、坐腕、松腰，左脚同时向前踏出，屈膝坐实，脚尖朝前，眼神随左手前看，右腿随腰胯伸劲送去，其劲正由背发，两臂展开欲扇通其背，则所向无敌矣。

此段运势论述的关键词是"劲由背发"及右臂的"提、翻、托"和左掌的"冲"。"提、翻、托"为"蓄势化劲"，而"迈步冲掌"为"发势发劲"，即化中有发、先化后发。

陈炎林先生在其著作《太极拳刀剑杆散手合编》描述了在散手较技中，海底针和扇通背招式的用法。

海底针式

扇通背式

左甲（海底针）：含胸拔背，坐腰腿，身下蹲，略往后化。右手执乙右手腕，左手置于己右腕背上，两手同时随腰腿往下沉采。

右乙（扇通背）：乙被采至势将背时，右手略往后向下缓甲采势，复向上掤起甲右手，同时上左步，以左掌前击甲胸部。

注意在上述甲乙双方攻防转换中，甲：沉采→乙：缓甲采势→乙：右臂掤托、左掌击。

在理解海底针和扇通背的拳意用法和拳势运化的基础上，将在拳架习练中要注意的问题分述如下。

做海底针时，沉采的效果如何决定于间架是否正确，杨氏九诀之《全体大用诀》说：海底针要躬身就。躬身即折腰俯身下沉，整个身形是左虚右实、前虚后实。左脚虚点地面，全身重量主要靠右腿支撑下蹲。折身时身形虽为俯为斜，但头、颈、腰、尾闾应呈一直线，不可抬头抛喉或低头。右掌沉采前插，眼神放至右掌前方敌人之气海处，右肩不可前探。拳势运化中，左掌搂采于左膝侧前方，右掌前插及右腿屈蹲应和折腰俯身相互协调一致。

做扇通背时，两臂扇形打开的过程中，左掌的前推闪击与右臂的上提、翻掌、托架要和左腿的上步动作协调运化。左腿上步时无须抬高迈出，低势脚跟擦地出腿即可。定势为侧弓步，两掌虎口相对，两臂开中寓合，劲力通达至背，眼神放至左掌。

王志远《百法歌·咏"引"》

引手义何解？诱赚使彼进。牵引使其近，近身始蓄劲。擎其借彼劲，落空合即侵。查幽知微明，悠忽变俄顷。

王志远《百法歌·咏"托"》

托手义何解？虎口作承举。缠绕随势上，依身活节拘。
封闭敌肘手，牵连彼身躯。暴露其胸肋，长驱雄赳赳。

王志远《百法歌·咏"扇"》

扇手义何解？两臂如扇开。立身莫偏倚，中正安如山。
闪展有接应，卷放如迅雷。周身法轮转，脊背通三关。

王志远《百法歌·咏"掷"》

掷手义何解？抛射彼敌顽。仰之犹弥高，抛空使颠翻。
俯之更弥深，掷地使跌瘫。平射意气远，弹洞泥墙坍。

心悟与体悟 24

从左右打虎到双峰贯耳

85拳架中，有一类连环腿、捶的组合招法编排，比如左打虎—右打虎—回身右蹬脚—双峰贯耳—左蹬脚—转身右蹬脚。故而《行功歌诀》曰：左右打虎回右蹬，贯耳左蹬转右蹬。其技术特征是连环捶和连环腿组合起来的拳脚相加的上打下踢招法。

左右打虎式拳意及拳势运化

左打虎式与右打虎式都属杨氏太极拳捶法中的复捶类型，亦有拳谱称该式为披身伏虎势。

左打虎式

右打虎及其用法

《太极拳体用全诀》说：左右打虎势威武，下采上打披身退。敌势攻来赛猛虎，披身取势在得横。善识侧翼与裆口，下采上打丧敌魂。这首拳诀概括了打虎势的基本用法和技术含义，就是"下采上打披身退"。也就是说下手以拳扼住（节拿），沉采敌肘或腕，上手握拳击敌头背，以退为进，击敌侧方为"得横"，反败为胜。

陈炎林先生在其著作《太极拳刀剑杆散手合编》中描述了甲乙两者在散手较技中所使的上步托肘左靠和套步右打虎招式，较好地表达了"下采上打披身退"的用法。

上步托肘左靠式

套步右打虎式

左甲：上步托肘左靠（左图）：甲退右步上左步置于乙右腿后。同时随势上托乙右肘向上往右，使乙处于背势。然后蹲身以肩靠乙右腋处。

右乙：套步右打虎（右图）：乙乘甲靠劲将到时即转腰，左手执甲臂向下沉采，同时右步提起，撤至甲左腿后，以右拳击甲后脑或背部。

左右打虎的拳势运化要两臂圆环饱满，两拳相荡相合，拳眼上下相对。左打虎面向西北方（偏北），右打虎面朝东南方。

王志远《百法歌·咏"扼"》

扼手义何解？匝持敌九节。扼持力蓄使，勿使我劲瘪。
腰腿认端的，锁定彼劲跌。能扼且能截，功深至毫釐。

王志远《百法歌·咏"披"》

披手义何解？由敌侧分进。善识翼与裆，挽采使之倾。
顺其来势力，一臂行双劲。跟身到腋下，相贯赛雷霆。

双峰贯耳式拳意及拳势运化

双峰贯耳招式也是杨氏太极拳捶法中的复捶招法，其技击含意是以双拳贯击敌双耳部。

双峰贯耳及其用法

陈炎林先生在其著作《太极拳刀剑杆散手合编》中描述了散手较技中，甲乙双方分别施出转身按捋式和双峰贯耳式招式互相攻防的用法。

转身按捋式

双峰贯耳式

右甲：转身按捋（左图）：甲在被乙撅臂成背势时，腰腿向前略伸，左手由下向前往上翻乙左手肱部，腰腿向左往上，转为顺势。右手按乙左肩，左手按乙左肘，略往左捋，双手同时前按。

右乙：双峰贯耳（右图）：乙在被按将背时，略往后化，右手由下抄入甲左手肱内，先往后坐胯，同时两手左右分开甲双手并随势握成拳，向前往上，以虎口击打甲之左右两太阳穴处。

双峰贯耳拳势运化：先以己之两手背由上往下将敌之双腕往左右分开叠住，遂将两手握拳由下往上，拥身向前，右脚向前踏步落实，双拳虎口贯击敌耳。要做到以腰骶为主宰，上下相随，意到、眼到、身到、腿到、脚到、手到。要裆劲下沉，双臂弧形圆转。劲势由脚而腿而腰，通达脊背，贯于两拳。做此式时要注意克服两个毛病：一是容易忽视由前式回身右蹬脚接此式时，先要有个以己之双臂叠压敌之双腕的拳势且右膝暗含前顶之意。二是叠压后，双臂反转角度过大，若此反呈背势，易为敌所乘。

王志远《太极拳体用全诀》曰：双峰贯耳双环捶，叠而后贯步要追。灵活运用莫拘泥，他势我用亦可为。"叠而后贯"表达了基本技法，"步要追"则是表达掼击时要步趋身拥的一种气势。

王志远《百法歌·咏"贯"》

贯手义何解？贯掼彼双耳。两臂成犄角，双峰竞雄峙。贯击须折叠，切莫直拳驰。周身劲一家，勾击似钳子。

心悟与体悟 25

仆步下势先化后发的用法

下势看似简单，只做一个仆步，其实不然。套路中有关下势的招式共出现过两次，分别是单鞭—下势—金鸡独立和单鞭—下势—上步七星这两种连环招法。

单鞭

下势

金鸡独立左势

金鸡独立右势

为什么要这样组合？这其中便涉及下势的先化后发的用法。以单鞭—下势—金鸡独立这一组合为例说明：当我处单鞭定势时，设对手握住我左手腕部，此时我左臂边沉腕、两腿边仆步下势后移重心来引化对方之来势。在这个过程中，对方感觉背势时要么失去重心，要么撒手回撤。如对方欲撒手回撤，我即乘势做金鸡独立式，右手采住敌腕，左掌托其肘或扑其面，右腿随即提起以膝盖顶其裆部或顺势落脚下跺其脚面。

此连环招法确为杀手。故杨氏九诀之《全体大用诀》中之句"单鞭下势顺锋入，金鸡独立占上风。提膝上打致命处，下伤二足难留情"即是指此一用法。

金鸡独立左势及其用法

由单鞭定势接做仆步下势的技术要领是：向前向后运动的主要动力要以腰骶为主宰的髋、膝、踝三个关节部位的折叠转换来一蓄一发。

金鸡独立右势及其用法

接前式单鞭,当右脚尖外摆,左掌弧形里收下移时,头要虚领顶劲,肩要松沉,右腿松腰、落胯竖桩。以腰身右转回带左肩,肩带肘移、肘带手回、节节贯串带动左掌下沉。右吊手随身形下落而保持水平状态,这为一蓄。桩型:左侧弓步桩→右坐步桩(仆步可看成坐步桩的延伸)。

然后,右腿顶腰、提胯,腰渐左转、重心前移。同时先左脚掌碾转外摆踏实,后右脚掌碾转内扣(此顺序不可先后颠倒,否则将失去"顺锋入"的机势)而形成左正弓步。同时左掌由左腿内侧向前穿,右吊手松开成掌收至腰右侧呈仆步下势之定势,这为一发。桩型:右坐步桩→左正弓步桩。

另外在拳势运化中,还要注意两个问题:一是右腿不要过分屈蹲,至大腿和小腿呈直角即可。身体重心往后往下落,但不可往右脚上坐。左膝也应略屈,不可绷直,否则两胯将失去互撑之劲反成背势,非但不能迅速起右腿反击对手，反而易使对手有机可乘。二是为了使仆步下势在运化时能够下沉得较低，其前接招式单鞭的步幅要控制略大一些为宜。

由仆步下势定势接做金鸡独立式时，其桩型变换是左正弓步桩→左独立步桩，这也是一蓄一发。先是左腿松腰、落胯竖桩蓄劲，然后顶腰、提胯，右膝前提上抬发劲。此时要体会先以右手领右腿往前进，继以右肘领右膝往上提这样一种梢节领劲、两腿对拉、下撑上拔的劲势。

金鸡独立分左右两势，其实是一种连环的乘势攻击方法，先以左势进攻，以双掌采托敌之两臂，以右膝盖上顶敌之裆腹或顺势落脚踩踩敌之脚面。若敌后退闪避则顺势以右脚踢之，若己攻击失利也可顺势后退落脚，再换以右势攻之。

王志远《百法歌·咏"引"》

引手义何解？诱赚使彼进。牵引使其进，近身始蓄劲。
擎其借彼劲，落空合即侵。查幽知微明，悠忽变俄顷。

王志远《百法歌·咏"采"》

采手义何解？如权之引衡。粘捏须轻灵，权后知浮沉。
择而后取拿，实采发劲整。采后即放松，动牵杠杆称。

王志远《百法歌·咏"托"》

托手义何解？虎口作承举。缠绕随势上，依身活节拘。
封闭敌肘手，牵连彼身躯。暴露其胸肋，长驱雄赳赳。

王志远《百法歌·咏"踢"》

踢手义何解？挪移发脚踢。寸腿去不知，悄然纵于膝。
笼环逼化劲，七星搅冲劈。上惊寓下取，蹶然负痛跌。

第三章

杨澄甫 85 拳架进阶修炼

进阶修炼的核心要素

王宗岳宗师在《太极拳论》中说：由着熟而渐悟懂劲，由懂劲而阶及神明。这里说的是太极拳修炼的进阶之路，着熟、懂劲、神明是进阶路上的三个分水岭。

"由着熟而渐悟懂劲"是习拳者追求的基本目标。我认为着熟并非单指会习练几个套路，而是指在训练站桩、盘练拳架、推手乃至散手较技的基础上，对前贤的拳经、拳论、拳理和拳诀加以默识揣摩和体悟，渐至内劲上身，如此方能为懂劲打下坚实的基础，所以明理、知体、达用是懂劲的重要内涵。

"由懂劲而阶及神明"则是习拳者穷其一生追求的终极目标。太极拳风靡全球，虽习练者达上亿之众，然能称"神明"者却代不数人。"神明"的目标就像珠峰之巅，那么诱人，又那么遥不可及，梯山架壑，只能一步一个脚印拾级而上。能否登上"神明"的顶峰就全看个人的悟性、毅力和机缘了。

我认为在"由懂劲而阶及神明"的路上，要闯五道关口：

其一，要真正认识和体悟到太极拳的松就是松开顶劲。

进阶修炼的核心要素

什么是顶劲？就是身体对抗地球引力的骨撑之力。顶劲松开了的身体内部结构应该是呈现骨拔、筋绷、姿势肌紧、运动肌松的状态。那么，怎样做才能松开顶劲呢？简要说就是杨氏老谱所说的"身形腰顶"。"身形"就是身法八要，"腰顶"就是骶尾骨撞脊。松开顶劲只是一种手段，不是目的。从太极拳体用出发，松开顶劲的目的是养成自身内劲以获取打击对手的动能。但其获取动能的途径是将重力势能和弹性势能转化为动能，通俗点讲，就是借地力打拳。

其二，要真正认识和体悟到太极拳桩功的重要性，通过分析桩架结构及桩与桩之间的转换来解析拳架招式的体用内涵，渐至内劲上身。

我们说，拳论"轻重浮沉"的本质和规律就是形体和内劲的"阴阳互逆"关系，即形体上浮内劲下沉或形体下沉内劲上浮。体悟这个过程就是一个弄懂内劲、感知内劲、运化内劲和培养内劲的过程，只有这样，在行拳走架中才能正确辨识和体悟到太极拳的"上手""平手""病手"。

其三,要真正认识和体悟到太极拳运动规律是源动"腰骶"转股肱,行拳走架处处要以"腰骶"为主宰。

腰骶上连肩肘腕,下带髋膝踝,是机枢之处。人体解剖学和运动生理学表明,骶骨生理运动方式主要有两种:一是腰骶角的改变(亦称点头和仰头运动);二是骶骨的左右斜轴运动。骶骨的这两种生理运动与腰椎、骨盆、胸腹的联动运化过程就是太极拳内劲的蓄与发的过程。

其四,要真正认识和体悟到杨澄甫宗师强调的虚实为太极拳第一义。虚实能分而后转动轻灵,毫不费力。如不能分,则迈步重滞,自立不稳,而易为人所牵动。

先要确立定势时四肢分虚实的原则:阴阳脚下分,阴静实,阳动虚。其规律是相邻者相反(如双腿或双手或同侧腿手),交叉者相同(如左腿和右手或右腿和左手)。行拳走架中的一招一式,起始时的攻防动意总是放在阳上。然后在分清阴阳、静动和实虚的基础上,可通过无极桩、云手桩和推磨桩的训练,进一步体悟在不同桩型的转换中如何进行虚实转换。

其五,要真正认识和体悟到太极拳拳势的内动节律,行拳走架中,要心为令、气为旗、神为主帅、腰骶为驱使。认真体悟神、意、气、形兼备的自然顺遂的内动节律。

我们知道宇宙天体和世界万物都有它们的运动节律,或外动或内动。太阳东升西落,人类日出而作,日落而息,人体这种生物钟就是一种内动节律。习拳时，人们习惯于配乐演练，如果所选音乐的旋律接近习拳者的内动节律，对于观众来说可增加观赏性，作为一种娱乐，好像无可厚非。但习拳者本人且不可陶醉于优美的旋律中，否则就是南辕北辙，"意领形随"变成"乐领形随"了，那就不是"武"而是"舞"了嘛。

我认为太极拳的内动节律可归纳为"一纲五目"。一纲五目内涵是：一纲统五目，纲举目张。"一纲"为蓄发，"五目"为心意（收放）、眼神（敛放扫瞥注）、内炁（吐纳）、腰骶主宰引动骨盆（偏沉）和九弓（张弛）以及阴阳、动静、虚实、刚柔（转换）。

所以说，这五道关口是我们进阶修炼的必经之路和核心要素。真要闯过了这五关，你就能体会到杜甫诗歌《望岳》里咏唱的"会当凌绝顶，一览众山小"的诗情画意了。

默识揣摩 1

太极拳的松就是松开顶劲

松松松，太极功，太极头条讲放松。学太极，先学松，不松难得太极功。那么，究竟什么是太极拳的松？我认为，太极拳的松就是松开顶劲。

什么是顶劲？

可以这样来理解，顶劲就是人类为对抗地球引力而保持身体平衡运动所产生的一种劲力。它与地球引力是方向相反、上下对拉的互争关系。

比如说婴儿刚出生时，顶劲是不完整的，虽会伸胳膊蹬腿，但脊柱的功能尚未发育成熟，连脖颈都是软的，所以妈妈抱时会小心翼翼地用手托住脑袋。常言道，三翻六坐八爬。宝宝一岁左右，因骨撑之力而初步形成了完整的顶劲，才会颤颤悠悠地走路，之后渐渐形成一种自然而然的身体本能，具有了调节身体平衡的行为能力。

同理，宇航员在宇宙空间站里，因为处于失重状态，也就失去了顶劲，所以随时会飘起来。但当他们返回地球，刚从返回舱出来的时候，手能挥、脚能抬，这说明身体局部的顶劲较快得以恢复，但还站不起来，因为身体整体的顶劲还没有恢复，须假以时日，慢慢重新适应地球的引力环境才行。

什么是松开顶劲？

松开顶劲是指人在地球引力下，通过减小顶劲来打破身体原有的平衡状态而导致身体姿势变化，从而建立新的姿势和平衡状态，比如身体由直立姿势变为下蹲姿势。当然这种状态的变化是动态的、缓缓的、连绵不断的和千变万化的。

顶劲松开时，身体结构应该是呈现骨拔、筋绷、肌肉有紧有松的状态。骨拔就是骨节松开，筋绷就是筋（肌腱韧带）绷起来，这个比较好理解。但肌肉又紧又松是特指姿势肌用力收缩（紧）、运动肌不用力（松），这个说法颇费思量，需要详解。

西南医大附属医院徐洋医生从解剖学和生物力学结构的角度，详细论述了太极拳习练与肌肉的关系，提出了崭新的观点来解释拳架结构问题，使人耳目一新。徐医生主要论点简述如下：

第一，肌肉分为两类：姿势肌（张力肌）和运动肌（相位肌）。姿势肌主要用于抗重力，其肌纤维组成主要是慢肌纤维（红肌），这种纤维具有耐疲劳的特点，并具有较低的激活阈值，即在触发运动时比运动肌激活快。而运动肌主要用于驱动人体运动，其肌纤维主要组成是快肌纤维

（白肌），这种纤维与速度和爆发力有关但不耐疲劳。从肌肉分布来看，姿势肌分布在人体关节的深层故又称为深层肌，运动肌又称为浅层肌。

第二，姿势肌的强化有助于人体形成一个稳固的生物力学结构，这关系到太极拳的结构力和整体力。耐疲劳有利于该结构的维持，而整体力即整劲则具有浑厚和连绵不断的特点。

第三，太极拳的站桩和慢练（动桩）方式的本质是静态抗重力的姿势控制训练，其参与肌群主要是姿势肌，其肌纤维有耐疲劳、反应快的特点，这非常有利于武术技击。太极拳"用意不用力"，站桩或慢盘拳架时只需"用意"维持姿势运化以对抗重力则自然训练到了姿势肌，"不用力"则抑制了运动肌。"以静制动，后发先至"，因为人体脊柱的核心肌群是姿势肌，其位于脊柱深层，它驱动脊柱关节时具有较小的力臂从而只需轻微的运动就可引动四肢大幅度的动作，同时因其肌纤维具有阈值低、激活快的特点，结合这两个因素就大大提高了反应速度。"四两拨千斤"，"拨"的目的在于改变对方力的方向，"四两"指我方姿势肌的控制力量，"千斤"指对方运动肌产生的力量。我方以脊柱旁的姿势肌控制，其行迹小、控制精微且耐力好，因此很容易用"四两"驱动身姿变化避开并拨动对方"千斤力"的着力点，使其扑空。

综合徐医生上述的这些论点，便可回答拳界长期争论不休的一个话题：练太极拳到底要不要练肌肉，要不要练力？徐医生对此给出的答案是肯定的，习练太极拳要练肌肉，要练力。不过这个肌肉主要是姿势肌，这个力主要是姿势肌的慢肌纤维的耐力。我认为徐医生从人体解剖学和生物力学结构出发提出的观点是科学的且具有说服力。因为人的身体是个有机体，意识、神经、气血、经脉、骨骼、筋膜和肌肉是具有联动作用的，那种否定肌肉的功能，认为用骨头是练拳、用肌肉是练操的观点有悖常理。试想一下，如果没有肌肉的收缩功能，恐怕连眨一下眼皮都做不到呢。

怎样做才能松开顶劲？

如前所述，顶劲松开时，身体内部结构应该是骨节松开、筋（肌腱韧带）绷起、姿势肌收缩、运动肌不用力的这样一种状态。那么，怎样做才能松开顶劲呢？怎样做才能亲身体悟到骨拔、筋绷、肌肉有紧有松的状态呢？我们还是从最简单、最基础也是最重要的无极桩的功架和功态运化进行体悟。

无极桩的基本功架是指两腿开立与肩同宽，两脚全掌平贴地，脚尖朝正前方；两臂自然垂放在两胯旁，双掌舒展；嘴微闭，齿轻合，舌平放；虚领顶劲，凝神静气，目视前方。

无极桩的基本功态是指无极桩功架的两种姿势，即直立姿势和下蹲姿势（膝关节角度以135度为宜）反复交替的动态运化过程。

从直立姿势运化到下蹲姿势的功态（兜盆）：

在这个身体由上而下的缓缓沉落过程中要神意内敛，在腰骶关节处产生动意。通过下颌微收来改善颈曲；通过含胸拔背、沉肩坠肘来改善胸曲；通过命门后撑、松腰落胯裹裆和骨盆前兜、尾闾前收来改善腰曲和骶曲。由此，脊柱的S型弧度得以上下抻拔。通过十趾抓地、屈膝下落至膝关节角度为135度来形成髋膝踝关节的折叠状态。内炁由四梢纳至丹田。我们说，这就是松开（减小）顶劲，但松开的过程中要虚虚地领住（或拎住或拽住）顶劲来放任地球引力牵动身体下落。这是一种蓄神、蓄意、蓄炁、蓄劲、蓄势的动态过程。

从下蹲姿势运化到直立姿势的功态（倾盆）：

在这个身体由下而上的缓缓上浮过程中要神意外放，在腰骶关节处产生动意来顶腰竖脊以回复脊椎的S型自然弧度，同时引动骨盆后倾、提胯直膝、十趾松开、平铺下撑踏地来改变髋膝踝关节的折叠状态。内炁由丹田运达至四梢。我们说，这就是通过加大顶劲来对抗地球对身体重量的引力，使身体上浮的全过程。这是一种发神、发意、发炁、发劲、发势的动态过程。

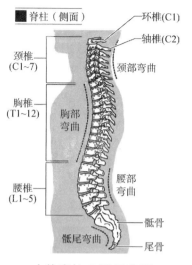

人体脊柱S型示意图　　　　蓄势待发的虎踞雄姿

人们常常比喻人体脊柱是龙，胯是虎。那么无极桩的这种蓄发交替的运化动态恰似龙盘虎踞和龙腾虎跃之势。人们亦常常比喻人体脊柱、两臂、两腿为身备五弓（我认为再加上两手和两脚成为九张弓更合适）。那么无极桩的这种蓄发交替的运化动态恰似蓄劲如张弓、发劲如放箭之势。王壮弘先生常以老子的"上善若水"来形容和阐释太极拳的水性特征，强调行拳如流水，要被动不要主动；要重量不要力量；要流动不要移动。那么无极桩的这种蓄发交替的运化动态更似大海之潮落潮起。潮落时，前浪随后浪悄然退去；潮起时，后浪推前浪，惊涛拍岸，卷起千堆雪。

松开顶劲要达到什么目的？

松开顶劲只是一种手段，不是目的。从太极拳武术较技的角度来看，松开顶劲的目的是要获取打击对手的动能。从物理学角度讲，其获取动能的途径是将重力势能转化为动能和将弹性势能转化为动能。

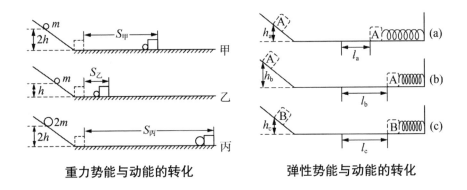

重力势能与动能的转化　　弹性势能与动能的转化

物理学上，动能是指物体由于运动而具有的能量。重力势能是指物体被举高而具有的能量。弹性势能是指发生弹性形变的物体各部分之间因弹力的相互作用而具有的能量。能量是可以相互转化的，重力势能和动能可以相互转化。弹性势能和动能也是可以相互转化的。

比如蹦床运动中，当人落到蹦床，重力势能与动能转换成了弹性势能。当蹦床把人弹起来时，弹性势能转换成了重力势能与动能。当人在空中上升时，动能转换成了重力势能。当人在空中下降时，重力势能转化成了动能。

在我们前边讨论的无极桩功架的两种功态即兜盆和倾盆反复交替的动态运化过程中，既有重力势能和动能的相互转换，也有弹性势能和动能的相互转换。

先说重力势能和动能的相互转换。从倾盆功态转换为兜盆功态的过程是重力势能转换为动能的过程。从兜盆功态转换为倾盆功态的过程是动能转换为重力势能的过程。

再说弹性势能和动能的相互转换。因为脊柱的自然 S 型弧度的抻拔和髋膝踝关节的折叠状态的形成恰似一个弹簧被拉伸和被压缩的状态，所以就会产生弹性势能和动能的相互转换。从倾盆功态转换为兜盆功态的过程是动能转换为弹性势能的过程。从兜盆功态转换为倾盆功态的过程是弹性势能转换为动能的过程。

以上，我们通过体悟无极桩的运化，讨论了什么是顶劲，什么是松开顶劲，怎样做才能松开顶劲，以及松开顶劲的目的是使重力势能和弹性势能转化为动能。

其实无极桩的动态运化就是太极拳运动的基本运动单元。因为太极拳套路中的每个招式都是由一个桩或几个桩组成的，不同招式的运化和转换其实就是不同桩型之间的转换。从这个意义上讲，也可以说太极拳就是动桩，行拳就是走桩。既然如此，我们如能掌握无极桩运化的机理、方法和规律，能体悟到顶劲松开（减小）和顶劲加大的感觉，那么就可以将这些体悟带到拳架的盘练和推手训练中。太极拳虽变化万端，而理唯一贯啊。正是，说松文章千万篇，解其真谛不多见。松开顶劲是本源，拨开迷雾见晴天。

默识揣摩 2

无极桩功与身法八要

无极桩在拳谱中亦称预备势,即混沌无极生太极,静中寓动之态势。我守我疆,不卑不亢,守我之静,待彼之动。无极桩的功架是通过"三调"而建立起来的。

一是调形。两腿开立与肩同宽,两脚尖朝前,不要外八字。两腿有内裹之感,尾闾中正,松腰、落胯、圆裆,似有入地三分之意。含胸拔背,沉肩坠肘,顶头悬。立身中正安舒,上虚下实。

二是调息。齿轻合,舌平放,嘴微闭,呼吸自然,气沉丹田。

三是调神。内固精神,两眼目视前方,眼睑微内收以聚眼神,思绪集中守虚静。外示安逸,神穆穆貌堂堂,似身处天地阴阳混沌之气中。

无极桩的这种功架符合拳论《身法八要》的规范。对此,李亦畬宗师传抄《各势白话歌》起首便有恰如其分的表达:提顶吊裆心中悬,松肩沉肘气丹田。裹裆护肫须下势,涵胸拔背落自然。

无极桩功架的功态运化特征

无极桩是静中寓动动犹静的功架，在动态转换中形成了无极桩功架的两种功态，这就是前文《太极拳的松就是松开顶劲》曾提及的所谓"兜盆"和"倾盆"功态。

兜盆功态特征：松腰、落胯、屈膝、夹尾、后坐。

倾盆功态特征：顶腰、提胯、直膝、翘尾、直立。

兜盆和倾盆这两种功态的形成、运化和相互转化都是通过骶骨上与腰椎、下与骨盆、前与胸腹的联动来共同完成的。

我们说兜盆功态和倾盆功态的形成、运化过程是内劲的蓄与发的过程。而兜盆功态和倾盆功态的相互转化过程是内劲的蓄与发的换劲过程。蓄势与发势就是太极拳拳势运化的两个基本要素。

习练拳架中，人们通过意识、神经、气血、经脉、骨骼、筋膜和肌肉（主要是姿势肌）的协同作用，在蓄势和发势中分别产生了沉劲和顶劲这两种上下互争之力。所谓沉劲就是地球引力作用于身体重量。所谓顶劲就是对抗地球引力以维持身体平衡。

兜盆和倾盆这两种功态在定势时都是顶劲等于沉劲。但是当蓄势开始发生时，顶劲小于沉劲，这样身形才能缓缓下落；当发势开始发生时，顶劲大于沉劲，这样身形才能缓缓上浮。

蓄势发生时，要求松开顶劲并使顶劲小于沉劲，方法就是兜盆功态的十字要诀：松腰、落胯、屈膝、夹尾、后坐。照此操作就会身体九弓齐"张"，减小颈椎、胸椎、腰椎和骶椎的自然S型弯曲度；就会四梢之炁纳于丹田。在这个过程中，重力势能和弹性势能转化为动能。

发势发生时，要求加大顶劲并使顶劲大于沉劲，方法就是倾盆功态的十字要诀：顶腰、提胯、直膝、翘尾、直立。照此操作就会身体九弓齐"弛"，恢复颈椎、胸椎、腰椎和骶椎原有的自然S型弯曲度；就会丹田之炁吐至四梢。在这个过程中，动能转化为重力势能和弹性势能。

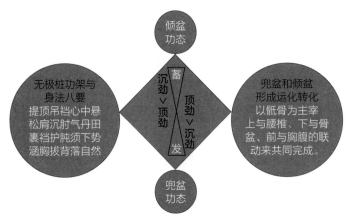

无极桩功架与功态运化要素

这里我们还要着重讨论一下蓄发势的虚领顶劲或顶头悬的问题，因为其中认知偏差较多。比如有人说虚领顶劲就是头要往上顶，于是有人就头上顶着一碗水打拳，这就走偏了。还有人把顶头悬比喻成像"头悬梁"那样，感觉上边有根绳子吊着脑袋,这个提法还是不达意、不准确,容易造成误导。实际上,虚领顶劲或顶头悬表达的是人们习拳时的那股凝神静气的灵动劲儿。想想我们小时候玩的泥娃娃,那种头和脖子直接固定在一块的神态就比较呆萌,可是还有一种泥娃娃是把头和脖子间用一根小铁丝弹簧连接在一起的,娃娃头就会颤悠悠地晃动,无形中,泥娃娃的憨态中还会透出一股灵动劲儿。所以这里的"悬"不是自上而下的"悬挂",而是自下而上的"悬架"。人的脑壳悬架在脖颈上,颈椎的寰枕、寰枢关节便是脑壳的悬架系统,既能使脑壳自由转动又能起稳定、缓冲和减震作用,其原理如同机动车的悬架系统一样。杨澄甫宗师《太极拳术十要》中把"虚领顶劲"改写成"虚灵顶劲",并诠释说:顶劲者,头容正直,神贯于顶也。不可用力,用力则项强,气血不能流通,须有虚灵自然之意。非有虚灵顶劲,则精神不能提起也。我想,宗师此举也许是针对人们对"虚领顶劲"或"顶头悬"的认知偏差而为也未可知。

怎样才能做到虚领顶劲或顶头悬呢?只要一凝神静气,下颌一微收,颈椎曲度一改善,颈椎处的顶劲就松开了;顶劲小于沉劲,身形就开始缓缓下沉了,地心引力嘛。在身形下沉过程中,心意上是要虚虚地领着(或拎着或拽着)这个松开的顶劲,随身形下沉而下沉,这样才会上有根,这是"双沉"的动态,才不会发生脚底重滞的"双重"拳病。反过来说,当顶劲大于沉劲,身形就开始缓缓上升了，在身形上升过程中，心意上也要虚虚地领着（或拎着或拽着）这个顶劲，随身形上升而上升，这样才会下有根，这是"双轻"的动态，才不会发生头顶漂浮出方圆的"双浮"拳病。上述这种顶劲和沉劲的运化和转换过程正是拳论所说的"尾闾中正神灌顶，满身轻利顶头悬"的状态。

杨氏传抄老谱《身形腰顶》曰：身形腰顶岂可无，缺一何必费功夫！腰顶穷研生不已，身形顺我自伸舒。舍此真理终何极？十年数载亦糊涂！细细揣摩，这里说的"身形"其实就是身法八要，就是在兜盆功态时蓄势的表达。这里说的"腰顶"其实就是顶劲，就是在倾盆功态时发势的表达。主宰于腰就是主宰于"腰骶"，在腰骶关节这个身体的总关处进行骶骨的生理运动从而产生、运化和转换蓄发两势。先贤用"身形腰顶"来高度概括拳势的运化，想想真够精辟的。

85拳架基本的桩架类型及转换形式

桩功修炼是拳架修炼的基础，老一辈有个学拳先站桩的说法，想来还是有道理的，磨刀不误砍柴工嘛。人们要问，站桩的目的到底是什么？我认为，站桩的目的就是顺劲，就是理顺身体的内劲。顺劲要顺心意；顺劲要顺气血经脉；顺劲要顺筋骨肌肉；顺劲要顺沉劲和顶劲的自然运化和顺遂转换；顺劲也要顺身体重力势能、弹性势能与动能的相互转化。

一套拳架就是一套活桩，拳架中的每个招式都是由一个或几个桩架组成，比如起势这个无极桩，就是一种开立步的桩架。细细盘点一下，85拳架中共有四类九种桩架，它们分别是开立步桩、马步桩（开立步桩的延伸）、正弓步桩、侧弓步桩、坐步桩（前脚掌虚贴地）、坐步桩（前脚掌虚提）、坐步桩（前脚跟虚提）、仆步桩（坐步桩的延伸）和独立步桩（单腿支撑）。

在分清桩架类型和结构的基础上，我们再来讨论一下不同桩架之间的转换方式。桩与桩之间的转换要求以意领气，以气运身，所以拳势的一蓄一发包含了神意的一收一放、丹田内炁的一纳一吐，进而腰骶引动骨盆（偏沉）和九弓（张弛）以及阴阳动静虚实刚柔（转换），桩与桩之间的转换由此而成矣。在桩与桩的转换过程中，手脚梢节起到了引领方向和定位的作用，不外乎如下三种方式：

其一，以两脚原位不动方式进行转换，例如揽雀尾的右掤势（正弓步桩）转换为捋势（坐步桩），随之再转换为挤势（正弓步桩）和按势（坐步桩→正弓步桩）。

其二，以碾步方式进行转换。即一脚不动，另一脚以脚跟为轴，脚掌虚离地面外摆或内扣45度、90度和135度。例如搂膝拗步左右势之间的转换，前脚掌都是要先外摆45度（正弓步转换为侧弓步）。还有如封似闭转换为十字手时，左脚掌要内扣90度（正弓步转换为坐步）。再如揽雀尾转换为单鞭式时，右脚要内扣135度（正弓步转换为坐步）。

其三，以提腿离地方式进行转换。即一腿支撑竖桩，另一腿提起离地进行转换。例如云手式中开立步桩和马步桩之间的转换。

我们说源动腰骶转股肱是太极拳运动的基本规律和法则。那么，通过什么方式可以体验并顺从这种规律呢？我认为可以先从静态体悟开始，比如可以通过坐桩来习练"拱背功"：选一款符合人体后背生理弧度的高背椅，人端坐在靠背椅上，后背虚贴椅背，两脚平踏落地，膝盖处以90度为宜，两手自然搭在两大腿上，凝神静气，体悟脊柱S型生理弧度的自然押拔。也可以通过修炼无极桩（两腿开立，体悟上下蓄发转换）、云手桩（两腿大马步开立，体悟左右蓄发转换）和推磨桩（两腿前后开立，体悟前后蓄发转换）进行体悟。而后进入动态体悟，比如在盘练拳架时默识揣摩每个招式中桩架结构的转化；又比如利用健骑机（一款健身器材）体悟腰骶关节的生理运动（点头和仰头）；再比如利用太极推揉器（一款健身器材）模拟推手较技等等。在这些桩功训练中，要始终保持顶劲和沉劲两者间在粘黏连随和不丢不顶中相互转换。如此长年坚持训练，桩成则拳成矣。正所谓不积跬步，无以至千里；不积小流，无以成江海。

默识揣摩 3

如何在桩架中体悟轻重浮沉

"轻重浮沉"一词见于杨氏传抄老谱《太极轻重浮沉解》拳论中。全文如下：

双重为病，干于填实，与沉不同也；双沉不为病，自尔腾虚，与重不同也。双浮为病，祇如飘渺，与轻不例也；双轻不为病，天然轻灵，与浮不同也。半轻半重不为病；偏轻偏重为病。半者，半有着落也，所以不为病；偏者，偏无着落也，所以为病。偏无着落，必失方圆；半有着落，岂出方圆？半浮半沉为病，失于不及也；偏浮偏沉，失于太过也。半重偏重，滞而不正也；半轻偏轻，灵而不圆也。半沉偏沉，虚而不正也；半浮偏浮，茫而不圆也。

夫双轻不近于浮，则为轻灵；双沉不近于重，则为离虚，故曰"上手"。轻重半有着落则为"平手"。除此三者之外，皆为"病手"。

盖内之虚灵不昧，能致于外之清明，流行乎肢体也。若不穷研轻重、浮沉之手，徒劳掘井不及泉之叹耳！

然有方圆四正之手，表里精粗无不到，则已及大成，又何云四隅出方圆矣！所谓方而圆，圆而方，超乎象外，得其寰中之"上手"也。

从上述《太极轻重浮沉解》这篇拳论中，我们大致可以弄懂如下的几层含义。

一是可以把太极拳的功态分为十二种类型，即（1）双重、（2）双沉、（3）双浮、（4）双轻、（5）半轻半重、（6）偏轻偏重、（7）半浮半沉、（8）偏浮偏沉、（9）半重偏重、（10）半轻偏轻、（11）半沉偏沉和（12）半浮偏浮。

二是根据是否符合拳理和内劲运化的规律，把这十二类功态分成三种类型，即"上手""平手""病手"。其中，双沉和双轻为"上手"，半轻半重为"平手"，而余者九类皆为"病手"。何谓"上手"？因为双沉是自尔腾虚的功夫手，双轻是天然轻灵的功夫手，这两种功夫手是上乘意境的功夫手法，故为"上手"。何谓"平手？因为半轻半重是半有着落，是未出方圆、不离中土，乃是平常的功夫手法，故为"平手"。那么，不言而喻，剩下的双重、双浮等其他九种手法，要么重滞填实处于上无根的状态，要么飘渺处于下无根的状态；要么处于滞而不正、灵而不圆或虚而不正、茫而不圆的状态，要么处于太过或不及的状态，这些手法中的弊病导致方圆必失、中土离位，当然就是带有拳病的"病手"了。

三是强调太极拳修炼要穷研轻重浮沉，要由内而外、内应外合，这是唯一正确途径，否则难免南辕北辙，差之毫厘而谬以千里。

四是强调在中土不离位下精心修炼轻重浮沉,可以使掤捋挤按四正手表里精粗皆达上乘意境,功夫大成矣!如此,采挒肘靠四隅手亦是随机顺势、水到渠成的事情。方而圆,圆而方,超乎象外,得其寰中,这就抓住了事物的本质及其规律。

我们说轻重浮沉的本质和规律就是形体和内劲的"阴阳互逆"关系,即形体上浮内劲下沉或形体下沉内劲上浮。

日常生活中的某些现象就是这样的,比如说一只小舢板在海上遇到风浪,为求安全就近靠岸抛锚。我们拽住缆绳慢慢地往水下放船锚,此时船锚的状态就叫"双沉",因为虽然船锚在下沉但手上缆绳的"拽劲"是往上的。继续往下放船锚,当船锚触底勾住岩石时,手上缆绳的"拽劲"顿失,此时船锚的状态就叫"双重",因为上边失根了。让我们换个角度看,小船被锚定后,随着波浪的起伏而稳稳地浮在水面上,此时小船的状态就是"双轻",因为下边有船锚的下沉劲在拽住它。如果风浪很大,缆绳断掉,小船漂走了,此时小船的状态就是"双浮",因为下边失根了。

让我们再回到无极桩架的角度来讨论和体悟这种轻重浮沉的本质和规律。前已述及,无极桩是静中寓动动犹静的功架,在动态转换中形成了无极桩功架的两种功态,这就是所谓蓄势的"兜盆"和发势的"倾盆"功态。

兜盆功态特征:松腰、落胯、屈膝、夹尾、后坐。

倾盆功态特征：顶腰、提胯、直膝、翘尾、直立。

兜盆和倾盆这两种功态在定势时都是顶劲等于沉劲。但是当蓄势开始发生时，顶劲小于沉劲（减小顶劲），这样身形才能缓缓下沉；当发势开始发生时，顶劲大于沉劲（加大顶劲），这样身形才能缓缓上浮。

在上述蓄势的运化过程中，从身体的感觉上，就是形体和内劲的"阴阳互逆"关系，即形体下沉内劲上浮；而在上述发势的运化过程中，从身体的感觉上，也是形体和内劲的"阴阳互逆"关系，即形体上浮内劲下沉。这种身体的感觉能真真切切地体悟到，绝非虚言。

这当中，"双沉"和"双轻"是"上手"，因为上或下都不失根；"双重"是病手，因为上失根；"双浮"是病手，因为下失根；半轻半重在蓄发势中的表达是下有半根或上有半根的状态，故为"平手"。也就是说，无极桩中存在"双沉"（上手）、"双轻"（上手）、"双重"（病手）、"双浮"（病手）和"半轻半重"（平手）这五种状态。

我们前边说过，拳架中共有四类桩型：开立步桩、独立步桩、弓步桩和坐步桩。我们已经详细讨论了无极桩即开立步桩的轻重沉浮状态，那么其他三类桩的轻重沉浮状态又是怎样的呢？

我们说，独立步桩和开立步桩一样，同样也存在"双沉""双轻""双重""双浮""半轻半重"这五种状态。

其不同之处只是开立步桩是两腿竖桩，而独立步桩是单腿竖桩，仅此而已。

但弓步桩和坐步桩的轻重沉浮状态却要复杂得多，因为弓步桩和坐步桩的两腿承重不同，它们或前实后虚或前虚后实，尤其在三维立体空间里的不同桩型相互转换时，不但有上下走的内劲，还有左右走的内劲和前后走的内劲。换句话说，虚实把握拿捏不到位，就会失方圆，就会中土离位，自然就会产生各种拳病。所以，在弓步桩和坐步桩以及桩与桩的转换时，除了"双沉"（上手）、"双轻"（上手）、"半轻半重"（平手）、双重（病手）、双浮（病手）这五种状态外，还有其他七种病手状态，即"偏轻偏重""半浮半沉""偏浮偏沉""半重偏重""半轻偏轻""半沉偏沉""半浮偏浮"。

我们说，体悟轻重浮沉的过程就是一个认识内劲、感知内劲、运化内劲和培养内劲的过程，就是所谓修炼太极拳的内功。王宗岳宗师《太极拳论》曰：由着熟而渐悟懂劲，由懂劲而阶及神明。这是修炼内劲的三个阶段，这三个阶段虽然是拾级而上的关系，但并不是孤立的。不是说待到招式练熟后再去懂劲，而是强调在盘练拳架中体悟内劲，体悟轻重浮沉的功态。"一羽不能加，蝇虫不能落。人不知我，我独知人"正是王宗岳宗师所描述的懂劲的神明境界。所以，修炼内劲要先从桩架做起，站桩、推手、盘练拳架可以交叉进行，但太极拳理唯一贯，这些训练手段都是围绕培养内劲进行的。

当你真正懂劲且将轻重浮沉的感觉体悟上身之后，你会发现平常人们常挂在嘴边的什么骨升肉降啦，什么节节贯串、节节拔开啦，什么沉如水涸沙、浮如气蒸腾啦，什么欲左还右、欲右还左啦，什么前去之中必有后撑啦……这些描述其实都是内劲的意气势运化的感觉而已。也就是说，松开顶劲则沉，沉是离虚；沉则转换为轻，轻是轻灵；灵则动，一动太极分为阴阳，阴蓄阳发；一静阴阳合为太极，复归无极。一套拳架从无极势到合太极势就是这么运化下来的。

所以我认为，太极拳的修炼先要讲究"对与错"，在这个基础上才能讲究"好与差"。否则虚有一套空架子而内里空空，终究不是太极拳尔。修炼多年却不知所错，终会落入"徒劳掘井不及泉"之境地，诚可惜也。

默识揣摩 ④

腰为主宰的枢机是骶骨的生理运动

王宗岳宗师《十三势行功歌》曰：十三总势莫轻视，命意源头在腰隙。……刻刻留心在腰间，腹内松静气腾然……

武禹襄宗师《十三势行功要解》曰：心为令，气为旗，神为主帅，腰为驱使，所谓意气君来骨肉臣也。《十三势说略》中又曰：气宜鼓荡，神宜内敛。……其根在脚，发于腿，主宰于腰，形于手指。由脚而腿、而腰，总须完整一气，向前、退后，乃能得机得势。

先贤们拳论中说的腰、腰间、腰隙，从字面上粗粗地理解，"腰"泛指人体脊柱的腰椎部位，"腰间"是指腰椎之间，"腰隙"是指腰椎间的缝隙。不过感觉范围还是有点大啊，腰椎有五节呢，"腰隙"到底是指哪节腰椎的缝隙呢？

先贤拳论中论及"太极腰"时，似乎语焉不详，我想可能是那个年代还没有建立起运动生理学，也可能是受"法不传六耳"的规矩所限，这就让后学者像猜谜语般猜不透。

现在比较流行的说法,源自老一辈武术家顾留馨先生。他认为腰隙为腰眼，即人的命门穴（在第二腰椎下）左右两侧的肾俞穴（对应两肾）。他说身法的虚实转换，关键在以腰脊命门穴为轴心的左右腰隙（两肾）的抽换，两肾抽换变化虚实，是全身总虚实的枢纽所在。此命题可称为"命门说"。

我不认同"命门说"，因为此说缺乏人体解剖学和运动生理学的科学支撑。根据我的自身体悟和研究，我认为"腰隙"是指第五腰椎与骶骨的第一骶椎之间的关节面位置（下图所示的腰骶关节）。所以，命意源头在"腰隙"改为命意源头在"腰骶"似乎更为符合王宗岳宗师拳论中的本意。此命题姑且称为"腰骶说"。

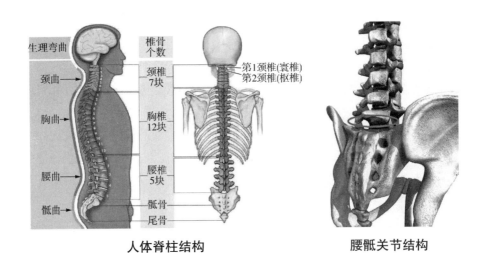

人体脊柱结构　　　　　　　腰骶关节结构

从上边两幅图中可以看出，骶骨是由5块骶椎融合而成，它上连腰椎，下接尾椎，左右骶髂关节处同骨盆相连，形成了一个可动的整体并牵动着上身和下身，起着承上启下的作用。

骶骨的两种生理运动方式

一是骶骨前后倾斜角度的改变（亦称点头和仰头运动）。人的腰骶角正常值为 30 度至 42.5 度。骶骨向后仰头时会使腰骶角减小，由此形成兜盆功态即松腰、落胯、屈膝、夹尾、后坐的姿势。骶骨由仰头变为向前点头时会使腰骶角回复到正常值，由此形成倾盆功态即顶腰、提胯、直膝、翘尾、直立的姿势。

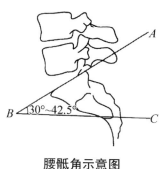

腰骶角示意图

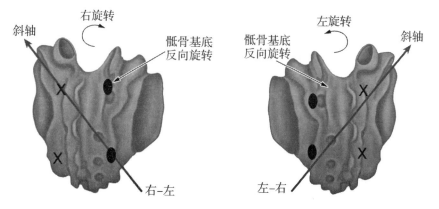

骶骨的左右斜轴运动示意图

二是以第五腰椎为固定点，以腰椎至两个骶髂关节的距离为摆长做摇摆运动（骶骨的左右斜轴运动）。由此带动骨盆偏沉而使身体重心移动变位。

从骶骨解剖中可以看出人体的运动构架是以腰骶为主宰的脊与胯的基本结构。解剖学上，"脊与胯"之间有着特殊的生理连接，这个部位就是腰骶关节（第 5 腰椎与骶骨的连接面）。脊与胯既可以独立运动，又可以联合发劲。"脊"主纵向的劲力，"胯"主横向的劲力，两者合成"螺旋劲"。这当中，腰骶关节是骶骨生理运动的枢机，此处一动即牵动全身关节无有不动。

骶骨的生理运动与腰椎、骨盆、胸腹的联动关系

如前所述，在骶骨的仰头和点头运动中，通过改变腰骶角的角度，由此牵动腰椎和骨盆形态的调节，就形成了前述的兜盆功态和倾盆功态。这两种功态的运化、形成和相互转化都是通过骶骨上与腰椎、下与骨盆、前与胸腹的联动来共同完成的。

先说骶骨上与腰椎的联动，当骶骨做仰头运动形成兜盆功态时，引发了腰椎生理曲度的变化，腰椎曲度变小呈命门后撑的动态，随之胸椎和颈椎曲度也相应变小；当骶骨做点头运动形成倾盆功态时，腰椎、胸椎和颈椎之前变小的曲度又回复到原有的 S 型正常状态。

再说骶骨前与胸腹、下与骨盆的联动。随着后背腰椎、胸椎和颈椎的自然曲度调整，前面胸腹从胸腔到腹腔也自然而然地顺势进行了相应的调整。

兜盆功态时，腹肌收缩、膈肌下降使胸腔容积增加、腹腔向外扩张而带动体内脏器被向下挤压，此时四梢之炁纳于丹田。与此同时，因骨盆状态的变化（髂骨外展，入口变大，出口变小，骨盆底肌下沉）而允许体内脏器下落。

倾盆功态时，腹肌放松、膈肌上升使胸腔容积减小、腹腔向内压缩带动脏器向上回到原有位置，此时丹田之炁吐向四梢。与此同时，因骨盆的状态变化（髂骨内收，骨盆入口变小，出口变大，骨盆底肌上升）而将体内脏器往上回推。

我们说骶骨的生理运动与腰椎、骨盆、胸腹的联动运化过程就是内劲的蓄与发的过程。其特征就像毛毛虫那样蠕动，勿使有缺陷处，勿使有凹凸处，勿使有断续处。这一蓄一发就是太极拳拳势运化的两个基本要素。

对于上述骶骨的生理运动与腰椎、骨盆、胸腹的联动运化过程，读者可查看有关的 3D 动画演示视频，这样有助于加深理解。

通过解析骶骨的生理运动方式，可以看出拳论中的所谓主宰于"腰"，其实更准确地讲是主宰于"腰骶"，它是全身的总关。腰骶上带肩肘腕，下带髋膝踝，使脊柱、两臂、两腿、两手和两脚做屈伸、升降、收放、张弛、开合和蓄发运动。

所以，我们把拳论中的腰、腰隙、腰脊、腰间统统都改成"腰骶"，这就一通百通了，就会更加准确地表达出先贤们拳论中"主宰于腰"的本意。

默识揣摩 5

太极拳运动规律与人体运动关节

人体解剖学表明，正常成人骨骼有 206 块，光有名称的关节就有 78 个。从运动角度讲，最常被提起的是人体的六大关节，就是上肢肩、肘、腕，下肢髋、膝、踝。

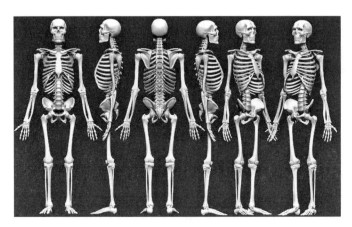

人体骨骼图示

我们可以把关节分别表述为"关"与"节"，就是一个关连着前后两个节，譬如肘关前后连着小臂与大臂节，膝关前后连着小腿与大腿节。就关与关之间的相对位置而言，上肢腕关为梢，肘关为根；腕、肘关为梢，肩关为根。下肢踝关为梢，膝关为根；踝、膝关为梢，髋关为根。也就是说，肩为上肢的总根，髋为下肢的总根，它们都不为其他节做梢。这两个上下肢的总根所组成的关就是腰骶（第五腰椎连接骶骨的第一骶椎处），它就是六大关节的总关。

武禹襄宗师拳论《十三势说略》中提出了"其根在脚，发于腿，主宰于腰，形于手指"的重要论断。前文已述及，此处的"主宰于腰"，更确切地讲，应该是"主宰于腰骶"。也就是说，腰骶这个"总关"的生理运动即腰骶纵向的仰头、点头运动和横向的左、右斜轴运动主宰着六大关节的运动。所以说，腰骶是枢机，源动腰骶转股肱是太极拳运动的规律和法则。

太极拳源动腰骶转股肱的运化

上身运动是旋骶转腰，以腰带肩，以肩带肘，以肘带腕，以腕带手，手随腰转，形于手指，劲达指端；下身运动是转腰旋骶，以骶带髋，以髋带膝，以膝带踝，以踝带脚，脚随腰转，着地踏实，劲根于脚。不论手随腰骶转，还是脚随腰骶转，这一系列的传承转带动作都是以腰骶为轴带动四肢屈伸旋转的圆弧运动。

太极拳圆弧运动的两种转动形式

一是以腰骶为轴带动四肢的转动，二是四肢梢节屈伸旋转的转动。这两种转动在太极拳运动中是一整体，缺一不可。以腰骶为轴带动四肢的转动代表太极运动的方式，是公转；四肢梢节的屈伸旋转代表做动作的方式，是自转。太极拳运动要求用公转带自转，自转随公转。这和天体运动中，地球这颗行星边自转边围绕恒星太阳公转的道理是一样的，正所谓天地为一大太极，人身为一小太极。

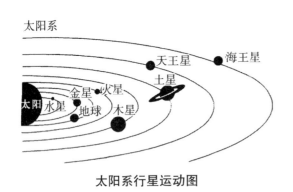

太阳系行星运动图

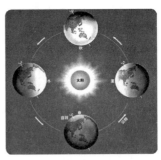

地球的公转与自转

太极拳的屈伸、收放、开合与六大关节的运动

我们说，太极拳的基本动作是"屈与伸""收与放""开与合"。这些基本动作与腰骶主宰下的六大关节的运动有着直接的关系。

先说屈与伸。习拳时每个关都必须弯曲，否则关的前后两节顶死了便无法转动。只有弯曲关，节才能自由伸展。拳论说的"无过不及，随曲就伸"，可能就是这个意思吧。

再说收与放。上肢关的收是向内向下沉，放是向外向上走；下肢关的收是向内向上提，放是向外向下走。不妨做一下屈臂或屈膝动作即可领会。腰骶是总关，其他关向腰骶而来都为收，离腰骶而去都为放。

最后说开与合。有人误以为外放内收即是开合，其实两者是有差异的。开虽有外放之意，但其与合共用时则应针对有对应的关或节，要有相对应的配合，否则无法讲开合，一个关或节的动作只能讲收放。比如说，当从白鹤亮翅的坐步定势向左搂膝拗步弓步定势转换时，左腿膝关内收（合）的同时，右腿膝关必须要外放（开），否则阴阳、动静、虚实不分便是"双重"，而"双重则滞"。这一合一开便是一阴一阳的配合，方能称之为"开合"。

细察太极拳招式所体现的如上下、前后、左右、起落、屈伸、收放、开合、张弛、进退、顾盼、虚实、刚柔、蓄发等等这些成对的基本元素，它们无一不是阴阳对立、阴阳互根、阴阳消长和阴阳转化的具体体现。

所以，当我们从人体骨架结构的角度出发来体悟太极拳运动规律时，当我们以腰骶主宰引动骨盆（偏沉）和九弓（张弛）从而产生蓄发之势时，那真的就是一套凝神、调息、抻筋、拔骨的阴阳白骨拳啊！有学者作歌诀咏唱：脊柱顶脑壳，伸缩有变换。防守柱拉直，出击放自然。腰身重中心，余骨随之变。合则向此缩，开力由此发。手足腕踝骨，转动无闲暇。此中道出了主宰于腰骶的真意，读来真是精彩。

默识揣摩 6

练拳不谙虚实理，枉费功夫终无成

细察下边这幅黑白鱼太极图，它囊括了大千世界、宇宙万物的运动规律：阴阳对立（黑鱼和白鱼）；阴阳互根（黑鱼有白眼，白鱼有黑眼）；阴阳消长（黑鱼渐大白鱼渐小或白鱼渐大黑鱼渐小）；阴阳转化（黑鱼变成白鱼，白鱼变成黑鱼）。

再细看下边这幅先天八卦图，《易传·系辞上传》中曰：易有太极，是生两仪，两仪生四象，四象生八卦。吴式太极拳家张耀忠先生巧妙地将太极拳八法与八卦一一对应，以歌诀咏唱之：采求乾三连（☰）；挒行坤六断（☷）；将要离中虚（☲）；掤填坎中满（☵）；挤是震仰盂（☳）；肘是艮覆碗（☶）；按劲兑上缺（☱）；靠劲巽下断（☴）。

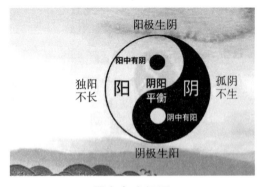

黑白鱼太极图

先天八卦图

这八种对应产生八种劲势，在外是八种形体动作，在内是人的意念活动。卦形的上、中、下爻对应人体的上、中、下盘，即对照卦象的虚实来用意念操控自身上、中、下三盘的虚实，这样便可产生不同的劲势。如此形成了吴式太极拳劲源心法八诀：掤劲命门找环跳，捋劲食指划眉梢，挤劲后背找前脚，按劲凭栏楼下瞧。采劲玄关找肩井，挒劲意在蹬后脚，肘劲劳宫肩井合，靠劲玉枕扛大包。此八诀用人体窍位对应卦象来说明太极拳八法，仔细体悟后确有道理，它符合道家所主张的天人合一思想。

拳既以太极命名，那拳架中的每招每式、拳势的运化表达中，也必然会体现出这种阴阳学说的性质和运动规律，如上下、前后、左右、进退、顾盼、起落、屈伸、开合、张弛、折叠、柔刚、静动、实虚、蓄发……在这些矛盾对立统一的关系中，我们抓住阴阳、静动和实虚这三对最本质的关系，将其归纳为阴静实（太极图中的黑鱼）和阳动虚（太极图中的白鱼）的对立统一体加以论述和讨论，看看它们在85拳架中是如何表达的。简言之，就是在行拳走架中如何分清虚实和如何进行虚实转换。

杨澄甫宗师在其《太极拳术十要》中明确指出：太极拳术以分虚实为第一义。如全身皆坐在右腿，则右腿为实，左腿为虚；全身坐在左腿，则左腿为实，右腿为虚。那么据此，我们就可确立身体四肢分虚实的原则：阴阳脚下分，阴静实、阳动虚。其规律是相邻者相反（如双腿或双手或同侧腿手），交叉者相同（如左腿和右手或右腿和左手）。行拳走架中的一招一式，起始时的攻防动意总是放在阳上。

搂膝拗步左势

搂膝拗步右势

我们以搂膝拗步左势定势为例来说明：左腿为阴静实，右腿为阳动虚；那么左手就为阳动虚，右手就为阴静实。明确了这个基本关系后，我们就可以对拳架中的任意招式（包括其定势或其过渡姿势）的阴阳、静动和实虚状态加以判定。

在分清身体四肢阴阳、静动和实虚的基础上，接下来的问题是在行拳走架中，在不同桩型的转换中如何进行虚实转换。我们知道，桩与桩之间的转换是通过两脚不动、一脚碾步移动和一脚离地移动这三种方式来实现的。

我们以搂膝拗步左势定势转换为搂膝拗步右势定势为例进行说明。搂膝拗步左势定势时四肢的虚实关系如前所述，就是左腿（前腿）为阴静实，右腿（后腿）为阳动虚；左手为阳动虚，右手为阴静实。我们前边还说过，行拳走架中一招一式起始的攻防动意总是放在阳上。那么，我们接下来要转做搂膝拗步右势的时候，哪条腿、哪只手是属阳性呢？当然应该是左腿和右手。此时你可能会有点发懵：不对头啊，搂膝拗步左势定势时不是已经定义它们属阴吗？怎么现在又属阳了呢？这没有错，阴极而阳，一阳复始嘛。我们现在要转做搂膝拗步右势，那左腿和右手就属阳了，就属动了，就属虚了。所以开始转做搂膝拗步右势时，动意要放在左腿和右手上，细述如下：

左腿松腰、落胯竖桩，左脚以脚跟为轴，前掌虚起碾步外摆45度，要脚、踝、膝、髋、肩同轴旋转；然后顶腰、提胯，当左脚掌落地踏平后即完成了一蓄一发（一阴一阳、一静一动、一实一虚）。表现为左正弓步桩→左侧弓步桩。

身体重心保持不变，左腿边松腰、落胯竖桩边左转身，同时右腿虚提并随身体由左侧转至正面时将右脚缓送至右侧方落下呈搂膝拗步右势的右正弓步定势，这又是一蓄一发（一阴一阳、一静一动、一实一虚）。表现为左侧弓步桩→右正弓步桩。

此时四肢的虚实关系就变成了右腿（前腿）为阴静实，左腿（后腿）为阳动虚，右手为阳动虚，左手为阴静实了。这恰与搂膝拗步左势定势相反。注意，搂膝拗步左势转换为右势的过程中，其阴阳、静动、实虚的转换是缓慢的、均匀的、动态的、渐变的。

从上边搂膝拗步左右势转换运化过程的规律中可以看出，其实整套拳架从无极势开始至合太极势结束，自始至终都处在这种阴长阳消、阳长阴消或静极而动、动极而静或实尽而虚、虚尽而实的此消彼长的运化过程中。我们说，拳艺赞不赞，阴阳脚下换。正如杨澄甫宗师所言，虚实能分而后转动轻灵，毫不费力。如不能分，则迈步重滞，自立不稳，而易为人所牵动。习拳者对此不可不察也。

以上所述，我们只是以搂膝拗步左右势的相互转换为例来表达身体四肢的虚实转换动态，其实行拳走架中虚实转换是无处不在的，正如武禹襄宗师在其《十三势说略》中说：虚实宜分清楚，一处自有一处虚实，处处总有此一虚实。周身节节贯串，勿令丝毫间断。

众谱载《十三势行功要解》曰：往复须有折叠，进退须有转换。这里说的折叠也好、转换也罢，都绝非仅仅停留在身形上的阴阳、静动、实虚、柔刚的转换上，更要体现在心意的收放、眼神的敛放、内炁的吐纳上，因为这些都是内劲蓄发的核心要素。

默识揣摩 7

把控内动节律，体悟呼吸之道

说起太极拳的"呼吸"来，真是众说纷纭。其论述有精辟之处，也有似是而非的含混之处，当然也不乏一些误区，其中比较极端的有两种观点，一是主张呼吸和动作要紧密配合，二是无须考虑呼吸。

为了厘清这些误区，我认为首先要弄懂"自然呼吸"这个概念。婴儿的呼吸方式以腹式呼吸为主，胸式呼吸为辅；成人则以胸式呼吸为主，腹式呼吸为辅。胸式或腹式呼吸都是自然呼吸。

自然呼吸是下意识的，不管你想不想，只要一息尚存，呼吸每时每刻都在伴随人的精神和运动方式变化而自动调节。比如害怕时呼吸就急促；睡觉时呼吸就平缓；爬山时气不够用了，你自然会深呼吸来补充氧气；醒着平躺在床上时，用手摸摸肚皮，发觉吸气时肚皮凸起，呼气时肚皮凹下，这种方式叫顺式腹式呼吸；可是当你想弯腰去端起地上的一大盆水的时候，你又会下意识地收腹深吸一口气，这叫逆式腹式呼吸，其方式是吸气时肚皮凹下，呼气时肚皮凸起，正好和顺式腹式呼吸相反。

其次，要弄懂自然呼吸的机理。我们知道呼吸是靠呼吸肌的收缩和舒张进行的。比如胸式呼吸是浅呼吸，主要是靠肋间外肌和肋间内肌的收缩和舒张来牵动肋骨以改变胸廓体积，而胸膈肌活动较弱。腹式呼吸是深呼吸，主要是靠胸膈肌（其穹隆部位称中心腱）的升降来调节腹内压变化，而胸膈肌与腹壁肌、盆底肌、下胸椎肌及腰椎伸肌在控制腹内压方面存在协同关系。所以胸式呼吸也好，腹式呼吸也罢，它们是共存互联而不可分割的。腹式呼吸，不管是顺式还是逆式，都会使胸膈膜下降，这是共性。不同之处是，逆式腹式呼吸中胸膈膜下降的行程更大些，因此肺活量也就更大些。

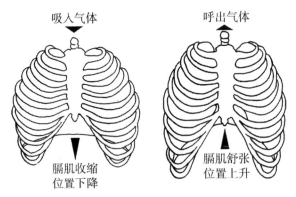

腹式呼吸示意图

最后，我们要建立起"拳势呼吸"的概念。要认识到拳势呼吸就是人们在习拳状态时的自然呼吸，其呼吸方式是逆式腹式呼吸。

比如，站无极桩时有两种功态：当身形下沉、蓄劲蓄势时，我们讲究虚领顶劲、含胸拔背、沉肩坠肘、松腰落胯、夹尾屈膝、骨盆前兜（兜盆）；当身形上浮、发劲发势时，我们讲究虚领顶劲、顶腰提胯、翘尾直膝、骨盆后倾（倾盆）。要顺应兜盆和倾盆这两种不同功态的变化和转换，自然而然就会进行逆式腹式呼吸。

又比如，盘练拳架时，讲究以腰骶为主宰来引动骨盆偏沉和九弓张弛时的收放、升降、屈伸、开合。要顺应这种源动腰骶转股肱的运动规律，自然而然就会进行逆式腹式呼吸。

还比如，拳势运化中，讲究凝神调息、气沉丹田、以意领气、以气运身、劲领形随、虚实转换。要顺应这种神、意、内炁的蓄发及转换，自然而然就会进行逆式腹式呼吸。

再比如，两人推手较技中讲究粘黏连随、不丢不顶。要顺应这种相互之间的攻防、化发势的内劲转换，自然而然就会进行逆式腹式呼吸。

总之，所有这些都是自然而然的下意识的反应，而不是主观人为的。从这个意义上讲，拳势呼吸、逆式腹式呼吸和丹田呼吸其实是一回事。也就是说，拳势呼吸的方式是逆式腹式呼吸，而拳势呼吸的本质是丹田呼吸。

一提"呼吸"这两个字，人们首先就会联想到口鼻大喘气这种狭义的外呼吸过程，其实口鼻只是个进出气口而已。为了避免产生歧义，我认为把丹田呼吸称为丹田内炁吐纳更恰当些。

如前所述，在骶骨的生理运动与腰椎、骨盆、胸腹的联动运化过程中，当处于兜盆功态时，腹肌收缩、膈肌下降使胸腔容积增加、腹腔向外扩张而带动体内脏器被向下挤压,此时四梢之炁纳于丹田;当处于倾盆功态时,腹肌放松、膈肌上升使胸腔容积减小、腹腔向内压缩带动脏器向上回到原有位置,此时丹田之炁吐向四梢。我们可以把丹田想象成一个气泵,气泵的吐纳开关在命门和肚脐这两点,"纳"是肚脐找命门(收腹),"吐"是命门找肚脐(松腹)。所谓"四梢"是指筋梢、肉梢、血梢、骨梢。指甲为筋之梢,舌头为肉之梢,头发为血之梢,牙齿为骨之梢。

我们说拳势的运化要以蓄发为纲,纲举目张。一纲统五目,五目就是心意(收放)、眼神(敛放扫瞥注)、内炁(吐纳)、腰骶引动骨盆(偏沉)和九弓(张弛)以及阴阳、动静、虚实、刚柔(转换)。这一纲五目是太极拳互动关联的内动节律要素。

习拳时的拳势呼吸就是人们在运化拳势时,对这种内动节律的下意识的自然本能的调控。我们只是认识、体悟和总结这种内动节律并顺而从之罢了。所以,我认为把控行拳走架时的"内动节律"恐是太极拳的"呼吸之道",读者须细细揣摩和体悟方能相信所言不虚。

综上所述,我认为那种呼吸要紧密配合动作的教条式主张显然是站不住脚的,其误之处在于以主观臆想来改变人这个有机体的先天本能。当然,那种认为既然呼吸是先天本能,也就无须去研究和体悟的说法也是不妥的,以一句太极拳呼吸的最高境界是忘掉呼吸来加以搪塞,亦是掩耳盗铃之举。

第四章

杨澄甫 85 拳架拳理溯源

追根溯源，精意揣摩

太极拳问世数百年来，传承不断，创新不止，形成了陈、杨、武、吴、孙、李、赵堡等诸多门派，其声名远播，风靡全球，堪称国粹。太极拳之所以有如此魅力，与其传承、践行中国传统文化，以易学及道家哲学中的"道法自然"核心思想有关，也与其集颐养性情、强身健体、卫身技击于一体有关，更与其结合中医经络学、导引术和吐纳术学说从而形成了内外兼修、刚柔相济的传统武学有关。

习拳要明理，明理要上身。习拳不明理就如瞎子摸象，陷于盲修瞎练。先贤拳论是指导拳架的唯一准绳，准绳具有理论的魅力，不是标准化或数字化的教条，否则就会千人一面，失去活力。传承至今的各大门派太极拳为什么展现出了不同的风格、特点？这与先贤们对拳经、拳论、拳法和拳诀的理解、实践、传承和创新息息相关。先贤拳论博大精深，多假借物象类比、推理来表达个人之拳学体悟，文字简练，虽晦涩难懂，却又往往一针见血、切中要害。今人承之，应怀敬畏之心，奉为经典，切不可朗朗上口却不求甚解，凭字妄臆。要揣摩其中精意，关键是要知道先贤所论者究竟为何，否则难免陷入南辕北辙或买椟还珠之迷途。当然也不可泥古不化，要去伪存真，去粗取精。

如能运用力学、人体解剖学和运动生理学原理诠释拳论真道可能更具说服力。如此方能光大、弘扬我中华传统武学文化。

赵斌先生曾作诗咏唱杨氏太极拳的独特风格：意趣环生味无穷，恰似杨柳摆春风。练到柔和优美处，行云流水一般同。每每诵读，如饮甘露。我想对我们杨拳修炼者来说，要达到如此修炼意境，下述几位先贤所传的拳论是必修课，是需要刻苦学习和深入研究的。

第一位是太极拳先驱王宗岳宗师，其生卒不可考，有说为明代人，山西人氏。著有《太极拳论》《十三势歌》《太极拳释名》《阴符枪总诀》《打手歌》等。王宗岳所著《太极拳论》可谓字字珠玑，极尽太极拳理论和实践之真谛，被各太极拳门派奉为圭臬，为经典拳论之首。《太极拳论》开篇所言：太极者，无极而生，动静之机，阴阳之母也。此说奠定了太极拳的理论基础是对立、互根、消长和转化的阴阳学说。

第二位是武禹襄宗师（1812—1880），河北永年人氏，武式太极拳创始人。他出身望族，博览群书，在比照、参悟、实践王宗岳《太极拳论》的基础上写出了许多传世拳论，如《十三势行功要解》《十三势说略》《身法八要》《四字秘诀》《太极拳论要解》《十三势架》，创立了武式太极拳的理论体系。

第三位是李亦畬宗师（1832—1892），河北永年人氏，武禹襄外甥，武式太极拳第二代宗师。其拳论有《各势白话歌》《五字诀》《走架打手行工要言》《撒放秘诀》等，使太极拳理论与实践内容更臻丰富和完善。

第四位是杨班侯宗师（1837—1892），河北永年人氏，杨式太极拳创始人杨露禅的次子，杨式太极拳第二代宗师。幼承严父真传，继承了乃父衣钵，习武悟性极高，尤其擅长太极大杆技术，武功卓绝。传有《太极拳九诀》，其中包含《全体大用诀》《十三字行功诀》《十三字用功诀》《八字法诀》《虚实诀》《乱环诀》《阴阳诀》《十八在诀》《五字经诀》。《全体大用诀》尤其精妙绝伦，他以七言歌诀的形式优美顺畅地表达了杨氏太极拳的所有招式及其体用含义。

第五位是杨澄甫宗师（1883—1936），河北永年人氏，杨露禅之孙，杨健侯之子，杨班侯之侄，杨式太极拳第三代宗师。他秉承乃祖乃父遗风，武德高尚，桃李满天下，武功卓绝。集杨氏三代拳术之精华，逐步将杨氏太极拳定型为现今传播最广的澄甫架——杨氏太极拳的主流拳架。

杨澄甫宗师对于太极拳理论的研究更为精细，与其弟子著述颇丰，1925年著《太极拳术》，1931年著《太极拳使用法》，1934年将其修订为《太极拳体用全书》。传有《太极拳法歌解》八篇，内容包括《对待用功法守中土》《身形腰顶》《太极圈》《粘黏连随解》《顶匾丢抗解》《太极阴阳颠倒解》《太极轻重浮沉解》《太极尺寸分毫解》。

特别有意义的是，杨澄甫宗师口授的《太极拳之练习谈》和《太极拳说十要》两篇重要拳论详述了习练杨氏太极拳的十大准绳，对于习练85拳架者具有直接的指导意义。这十大准绳包括：虚灵顶劲、含胸拔背、松腰、分虚实、沉肩坠肘、用意不用力、上下相随、内外相合，相连不断和动中求静。

为了方便读者对照先贤原作加以研习，特选经典拳论附之于后以供参阅。

一、太极拳论

王宗岳

太极者，无极而生，动静之机，阴阳之母也。动之则分，静之则合。无过不及，随曲就伸。人刚我柔谓之走，我顺人背谓之黏。动急则急应，动缓则缓随。虽变化万端，而理唯一贯。由着熟而渐悟懂劲，由懂劲而阶及神明。然非用力之久，不能豁然贯通焉。虚领顶劲，气沉丹田。不偏不倚，忽隐忽现。左重则左虚，右重则右杳。仰之则弥高，俯之则弥深。进之则愈长，退之则愈促。一羽不能加，蝇虫不能落。人不知我，我独知人。英雄所向无敌，盖皆由此而及也。斯技旁门甚多，虽势有区别，概不外壮欺弱，慢让快耳。有力打无力，手慢让手快，是皆先天自然之能，非关学力而有为也。察四两拨千斤之句，显非力胜。观耄耋能御众之形，快何能为？立如平准，活似车轮。偏沉则随，双重则滞。每见数年纯功不能运化者，率皆自为人制，双重之病未悟耳。欲避此病，须知阴阳。黏即是走，走即是黏。阴不离阳，阳不离阴，阴阳相济，方为懂劲。懂劲后，愈练愈精，默识揣摩渐至从心所欲。本是舍己从人，多误舍近求远。所谓差之毫厘，谬之千里，学者不可不详辨焉。是为论。

二、十三势歌（七言二十四句）

王宗岳

十三总势莫轻视，命意源头在腰隙。
变转虚实须留意，气遍身躯不稍滞。
静中触动动犹静，因敌变化示神奇。
势势存心揆用意，得来全不费功夫。
刻刻留心在腰间，腹内松静气腾然。
尾闾中正神贯顶，满身轻利顶头悬。
仔细留心向推求，屈伸开合听自由。
入门引路须口授，功夫无息法自修。
若言体用何为准？意气君来骨肉臣。
详推用意终何在？益寿延年不老春。
歌兮歌兮百卌字，字字真切义无遗。
若不向此推求去，枉费功夫贻叹息。

三、十三势行功要解

武禹襄

以心行气，务沉着，乃能收敛入骨，所谓"命意源头在腰隙"也。意气须换得灵，乃有圆活之趣，所谓"变换虚实须留意"也。立身中正安舒，支撑八面，行气如九曲珠，无微不到，所谓"气遍身躯不稍滞"也。

发劲须沉着松静，专注一方，所谓"静中触动动犹静"也。往复须有折叠，进退须有转换，所谓"因敌变化示神奇"也。曲中求直，蓄而后发，所谓"势势存心揆用意""刻刻留心在腰间"也。精神能提得起，则无迟重之虞，所谓"腹内松静气腾然"也。虚领顶劲，气沉丹田，不偏不倚，所谓"尾闾中正神贯顶，满身轻利顶头悬"也。

以气运身，务顺遂，乃能便利从心，所谓"屈伸开合听自由"也。心为令，气为旗，神为主帅，腰为驱使，所谓"意气君来骨肉臣"也。

四、十三势说略

武禹襄

每一动,惟手先著力,随即松开。犹须贯串一气,不外起、承、转、合。始而意动,既而劲动,转接要一线串成。

气宜鼓荡,神宜内敛。勿使有缺陷处,勿使有凹凸处,勿使有断续处。其根在脚,发于腿,主宰于腰,形于手指。由脚而腿、而腰,总须完整一气,向前、退后,乃能得机得势,有不得机不得势处,身便散乱,必至偏倚,其病必于腰腿求之。上下、前后、左右皆然。

凡此皆是意,不是外面。有上即有下,有前即有后,有左即有右。如意要向上,即寓下意。若将物掀起,而加以挫之之力,斯其根自断,乃坏之速而无疑。

虚实宜分清楚,一处自有一处虚实,处处总此一虚实。周身节节贯串,勿令丝毫间断。

五、身法八要

武禹襄

涵胸，拔背；裹裆，护肫；提顶，吊裆；松肩，沉肘。

六、各势白话歌（七言六十句）

李亦畲

提顶吊裆心中悬，松肩沉肘气丹田。
裹裆护肫须下势，涵胸拔背落自然。
初势左右懒扎衣，双手推出拉单鞭。
提手上势往空看，白鹤亮翅飞上天。
搂膝拗步往前打，手挥琵琶躲旁边。
搂膝拗步重下势，手挥琵琶又一番。
上步先打迎面掌，搬拦捶儿打胸前。
如封似闭往前按，抽身抱虎去推山。
回身拉成单鞭势，肘底看捶打腰间。
倒撵猴儿重四势，白鹤亮翅到云端。
搂膝拗步须下势，收身琵琶在胸前。

按势翻身三甬背，扭颈回头拉单鞭。
云手三下高探马，左右起脚谁敢拦。
转身一脚栽捶打，翻身二起踢破天。
披身退步伏虎势，踢脚转身紧相连。
蹬脚上步搬拦打，如封似闭手向前。
抱虎推山重下势，回头再拉斜单鞭。
野马分鬃往前进，懒扎衣服果然鲜。
回身又把单鞭拉，玉女穿梭四角全。
更拉单鞭真巧妙，云手下势探清泉。
更鸡独立分左右，倒撵猴儿又一番。
白鹤亮翅把身长，搂膝前手在下边。
按势青龙重出水，转身复又拉单鞭。
云手高探对心掌，十字摆莲往后翻。
指裆捶儿向下打，懒扎衣服紧相连。
再拉单鞭重下势，上步就排七星拳。
收身退步拉跨虎，转脚去打双摆莲。
海底捞月须下势，弯弓射虎项朝前。
怀抱双捶谁敢进，走遍天下无人拦。
歌兮歌兮六十句，不遇知己莫轻传。

七、身形腰顶（七言六句）

杨氏传抄老谱

身形腰顶岂可无，缺一何必费功夫！
腰顶穷研生不已，身形顺我自伸舒。
舍此真理终何极？十年数载亦糊涂！

八、太极轻重浮沉解

杨氏传抄老谱

双重为病，干于填实，与沉不同也；双沉不为病，自尔腾虚，与重不同也。双浮为病，祇如飘渺，与轻不例也；双轻不为病，天然轻灵，与浮不同也。半轻半重不为病；偏轻偏重为病。半者，半有着落也，所以不为病；偏者，偏无着落也，所以为病。偏无着落，必失方圆；半有着落，岂出方圆？半浮半沉为病，失于不及也；偏浮偏沉，失于太过也。半重偏重，滞而不正也；半轻偏轻，灵而不圆也。半沉偏沉，虚而不正也；半浮偏浮，茫而不圆也。

夫双轻不近于浮，则为轻灵；双沉不近于重，则为离虚，故曰"上手"。轻重半有着落则为"平手"。除此三者之外，皆为"病手"。

盖内之虚灵不昧，能致于外之清明，流行乎肢体也。若不穷研轻重、浮沉之手，徒劳掘井不及泉之叹耳！

然有方圆四正之手，表里精粗无不到，则已及大成，又何云四隅出方圆矣！所谓方而圆，圆而方，超乎象外，得其寰中之"上手"也。

九、杨氏九诀

杨班侯

1. 全体大用诀（七言五十四句）

太极拳法妙无穷，掤捋挤按雀尾生。
斜走单鞭胸膛占，回身提手把着封。
海底捞月亮翅变，挑打软肋不容情。
搂膝拗步斜中找，手挥琵琶穿化精。
贴身靠近横肘上，护中反打又称雄。
进步搬拦肋下使，如封似闭护正中。
十字手法变不尽，抱虎归山采挒成。
肘底看捶护中手，退行三把倒卷肱。
坠身退走扳挽劲，斜飞着法用不空。
海底针要躬身就，扇通臂上托架功。
撇身捶打闪化式，横身前进着法成。
腕中反有闭拿法，云手三进臂上攻。
高探马上拦手刺，左右分脚手要封。
转身蹬脚腹上占，进步栽捶迎面冲。
翻身白蛇吐信变，采住敌手取双瞳。
右蹬脚上软肋踹，左右披身伏虎精。
上打正胸肋下用，双风贯耳着法灵。
左蹬脚踢右蹬式，回身蹬脚膝骨迎。
野马分鬃攻腋下，玉女穿梭四角封。

摇化单臂托手上，左右用法一般同。
单鞭下势顺锋入，金鸡独立占上风。
提膝上打致命处，下伤二足难留情。
十字腿法软骨断，指裆捶下靠为锋。
上步七星架手式，退步跨虎闪正中。
转身摆莲护腿进，弯弓射虎挑打胸。
如封似闭顾盼定，太极合手势完成。
全体大用意为主，体松气固神要凝。

2. 十三字行功诀（七言十六句）

掤手两臂要圆撑，动静虚实任意攻。
搭手捋开挤掌使，敌欲还着势难逞。
按手用着似倾倒，二把采住不放松。
来势凶猛挒手用，肘靠随时任意行。
进退反侧应机走，何怕敌人艺业精。
遇敌上去迫近打，顾住三前盼七星。
敌人逼近来打我，闪开正中定横中。
太极十三字中法，精意揣摩妙更生。

3. 十三字用功诀（七言十六句）

逢手遇掤莫如盘，黏粘不离得着难。
闭掤要上采挒法，二把得实急无援。
安定四正隅方变，触手即占先上先。

捋挤二法趁机使，肘靠攻在脚跟前。
　　遇机得势进退定，三前七星顾盼间。
　　周身实力意中定，听探顺化神气关。
　　见实不上得攻手，何日功夫是体全？
　　操练不按体中用，修到终期艺难精！

4. 八字法诀（七言八句）
　　三换二捋一挤按，搭手遇掤莫让先。
　　柔里有刚攻不破，刚中无柔不为坚。
　　避人攻守要采挒，力在惊弹走螺旋。
　　逞势进取贴身肘，肩胯膝打靠为先。

5. 虚实诀（七言八句）
　　虚虚实实神会中，虚实实虚手行功。
　　练拳不谙虚实理，枉费功夫终无成。
　　虚守实发掌中窍，中实不发艺难精。
　　虚实自有实虚在，实实虚虚攻不空。

6. 乱环诀（七言八句）
　　乱环术法最难通，上下随合妙无穷。
　　陷敌深入乱环内，四两千斤着法成。
　　手脚齐进横竖找，掌中乱环落不空。
　　欲知环中法何在，发落点对即成功。

7. 阴阳诀（七言八句）

太极阴阳少人修，吞吐开合问刚柔。
正隅收放任君走，动静变化何须愁？
生克二法随着用，闪进全在动中求。
轻重虚实怎的是？重里现轻勿稍留。

8. 十八在诀（四言十八句）

掤在两臂，捋在掌中，挤在手背，按在腰攻；
采在十指，挒在两肱，肘在屈使，靠在肩胸。
进在云手，退在转肱，顾在三前，盼在七星，
定在有隙，中在得横。滞在双重，通在单轻。
虚在当守，实在必冲。

9. 五字经诀（五言二十句）

披从侧方入，闪展无全空。担化对方力，搓磨试其功。
歉含力蓄使，黏粘不离宗。随进随退走，拘意莫放松。
拿闭敌血脉，扳挽顺势对。软非用拙力，掤臂要圆撑。
搂进圆活力，摧坚戳敌锋。掩护敌猛入，撮点致命攻。
坠走牵挽势，继续勿失空。挤他虚实现，摊开即成功。

十、太极拳之练习谈

杨澄甫口述　张鸿逵笔录

中国之拳术，虽派别繁多，要知皆寓有哲理之技术，历来古人穷毕生之精力，而不能尽其玄妙者，比比皆是。学者若费一日之功力，即得有一日之成效，日积月累，水到渠成。

太极拳，乃柔中寓刚、绵里藏针之艺术，于技术上、生理上、力学上，有相当之哲理存焉。故研究此道者，须经过一定之程序与相当之时日，虽然良师之指导、好友之切磋，固不可少，而最紧要者，是在逐日自身之锻炼。否则谈论终日，思慕经年，一朝交手，空洞无物，依然是门外汉者，未有逐日功夫。古人所谓，终思无益，不如学也。若能晨昏无间，寒暑不易，一经动念，即举摹练，无论老幼男女，及其成功则一也。

近来研究太极拳者，由北而南，同志日增，不禁为武术前途而喜。然同志中，专心苦练，诚心向学，将来不可限量者，固不乏人，但普通不免入于两途：一则天才既具，年力又强，举一反三，颖悟出群，惜乎稍有小成，便是满足，遽迩中辍，未能大受；二则急求速效，忽略而成，未经一载，拳、剑、刀、枪皆已学全，虽能依样葫芦，而实际未得此中三昧，一经考究其方向动作，上下内外，皆未合度，如欲改正，则式式皆须修改，且朝经改正，而夕已忘却。故常闻人曰："习拳容易改拳难。"此语之来，皆由速成而致此。如此辈者，以误传误，必致自误误人，最为技术前途忧者也。

太极拳开始，先练拳架。所谓拳架者，即照拳谱上各式名称，一式一式由师指教，学者悉心静气，默记揣摩，而照行之，谓之练架子。此时学者应注意内外上下：属于内者，即所谓用意不用力，下则气沉丹田，上则虚灵顶劲；属于外者，周身轻灵，节节贯串，由脚而腿而腰，沉肩屈肘等是也。初学之时，先此数句，朝夕揣摩，而体会之，一式一手，总需仔细推求，举动练习，务求正确。习练既纯，再求二式，于是逐渐而至于习完。如是则毋事改正，日久亦不致更变要领也。

习练运行时，周身骨节，均须松开自然。其一，口腹不可闭气；其二，四肢腰腿不可起强劲。此二句，学内家拳者，类能道之，但一举动，一转身，或踢腿摆腰，其气喘矣，其身摇矣，其病皆由闭气与起强劲也。

1. 摹练时头部不可偏侧与俯仰，所谓要"顶头悬"，若有物顶于头上之意，切忌硬直，所谓悬字意义也。目光虽然向前平视，有时当随身法而转移，其视线虽属空虚，亦为变化中一紧要之动作，而补身法手法之不足也。其口似开非开，似闭非闭，口呼鼻吸，任其自然。如舌下生津，当随时咽入，勿吐弃之。

2. 身躯宜中正而不倚，脊梁与尾闾，宜垂直而不偏；但遇开合变化时，有含胸拔背、沉肩转腰之活动，初学时节须注意，否则日久难改，必流于板滞，功夫虽深，难以得益致用矣。

3. 两臂骨节均须松开，肩应下垂，肘应下屈，掌宜微伸，手尖微屈，以意运臂，以气贯指，日积月累，内劲通灵，其玄妙自生矣。

4. 两腿宜分虚实，起落犹似猫行。体重移于左者，则左实，而右脚谓之虚；移于右者，则右实，而左脚谓之虚。所谓虚者，非空，其势仍未断，而有伸缩变化之余意存焉。所谓实者，确实而已，非用劲过分、用力过猛之谓。故腿屈至垂直为准，逾此谓之过劲。身躯前扑，即失中正姿势。

5. 脚掌应分踢腿（谱上左右分脚或写左右起脚）与蹬脚二式。踢腿时注意脚尖，蹬腿时则注意全掌。意到而气到，气到而劲自到，但腿节均须松开平稳出之，此时最易起强劲，身躯波折而不稳，发腿亦无力矣。

太极拳之程序，先练拳架（属于徒手），如太极拳、太极长拳；其次单手推挽、原地推手、活步推手、大捋、散手；再次则器械，如太极剑、太极刀、太极枪（十三枪）等是也。

练习时间，每日起床后两遍，若晨起无暇，则睡前两遍。一日之中，应练七八次，至少晨昏各一遍。但醉后、饱食后，皆宜避忌。

练习地点，以庭园与厅堂，能通空气、多光线者为相宜。忌直射之烈风与有阴湿霉气之场所，因身体一经运动，呼吸定然深长，故烈风与霉气，如深入腹中，有害于肺脏，易致疾病也。

练习之服装，宜宽大之中服短装与阔头之布鞋为相宜。习练经时，如遇出汗，切忌脱衣裸体，或行冷水揩抹，否则未有不罹疾病也。

十一、太极拳术十要

杨澄甫口授　陈微明笔述

1. 虚灵顶劲

顶劲者，头容正直，神贯于顶也。不可用力，用力则项强，气血不能流通，须有虚灵自然之意。非有虚灵顶劲，则精神不能提起也。

2. 含胸拔背

含胸者，胸略内含，使气沉于丹田也。胸忌挺出，挺出则气涌胸际，上重下轻，脚跟易于浮起。拔背者，气贴于背也。能含胸则自能拔背，能拔背则能力由脊发，所向无敌也。

3. 松腰

腰为一身之主宰，能松腰然后两足有力，下盘稳固。虚实变化皆由腰转动，故曰"命意源头在腰隙"，有不得力必于腰腿求之也。

4. 分虚实

太极拳术以分虚实为第一义。如全身皆坐在右腿，则右腿为实，左腿为虚；全身坐在左腿，则左腿为实，右腿为虚。虚实能分，而后转动轻灵，毫不费力。如不能分，则迈步重滞，自立不稳，而易为人所牵动。

5. 沉肩坠肘

沉肩者，肩松开下垂也。若不能松垂，两肩端起，则气亦随之而上，全身皆不得力矣。坠肘者，肘往下松坠之意。肘若悬起，则肩不能沉，放人不远，近于外家之断劲矣。

6. 用意不用力

太极拳论云：此全是用意不用力。练太极拳，全身松开，不使有分毫之拙劲，以留滞于筋骨血脉之间，以自缚束。然后能轻灵变化，圆转自如。或疑不用力何以能长力？盖人身之有经络，如地之有沟洫。沟洫不塞而水行，经络不闭则气通。如浑身僵劲充满经络，气血停滞，转动不灵，牵一发而全身动矣。若不用力而用意，意之所至，气即至焉。如是气血流注，日日贯输，周流全身，无时停滞。久久练习，则得真正内劲。即太极拳论所云：极柔软，然后极坚刚也。太极拳功夫纯熟之人，臂膊如绵裹铁，分量极沉。练外家拳者，用力则显有力，不用力时，则甚轻浮。可见其力，乃外劲浮面之劲也。不用意而用力，最易引动，不足尚也。

7. 上下相随

上下相随者，即太极拳论所云：其根在脚，发于腿，主宰于腰，形于手指，由脚而腿而腰，总须完整一气也。手动，腰动，足动，眼神亦随之动。如是方可谓之上下相随。有一不动，即散乱也。

8. 内外相合

太极拳所练在神。故云："神为主帅，身为驱使。"精神能提得起，自然举动轻灵。架子不外虚实开合。所谓开者，不但手足开，心意亦与之俱开；所谓合者，不但手足合，心意亦与之俱合。能内外合为一气，则浑然无间矣。

9. 相连不断

外家拳术，其劲乃后天之拙劲。故有起有止，有续有断，旧力已尽，新力未生，此时最易为人所乘。太极拳用意不用力，自始至终，绵绵不断，周而复始，循环无穷。拳论所谓"如长江大河，滔滔不绝"，又曰"运劲如抽丝"，皆言其贯串一气也。

10. 动中求静

外家拳术，以跳掷为能，用尽气力，故练习之后，无不喘气者。太极拳以静御动，虽动犹静，故练架子愈慢愈好。慢则呼吸深长，气沉丹田，自无血脉偾张之弊。学者细心体会，庶可得其意焉。

参考文献

［1］杨澄甫.杨澄甫武学辑注：太极拳体用全书［M］.邵奇青，校注.北京：北京科学技术出版社，2016

［2］陈炎林.太极拳刀剑杆散手合编［M］.尚志煜，整理.上海：上海古籍出版社，2018

［3］杨振铎.杨氏太极拳一百零三式［M］.太原：山西科学技术出版社，2013

［4］赵斌，赵幼斌，路迪民.杨氏太极拳真传［M］.2版.北京：北京体育大学出版社，2009

［5］王志远.杨式太极拳推手和散手诠释：理论篇［M］.北京：人民体育出版社，2017

［6］牛春明，孟宪民，陈海鹰.牛春明太极拳及珍藏手抄老谱［M］.北京：当代中国出版社，2015

［7］蒋林，张汉文.张文炳宗师传授（叁）：杨氏内传太极拳小快式［M］.北京：人民体育出版社，2013

［8］石月明.杨澄甫拳照［M］.3版.上海：同济大学出版社，2014

［9］李亭全.太极推手要论［M］.北京：人民体育出版社，2008

［10］王宗岳，等.太极拳谱［M］.2版.沈寿，点校考译.北京：人民体育出版社，1995